ज्योतिष के आधार पर रत्नों का चयन और उनकी धारणविधि बहुत ही महत्त्वपूर्ण है। जो प्रकृति विष बनाती है वही अमृत भी बनाती है। अतः कौन सा रत्न धारण करना उपयोगी और फलदायी है, कौन–सा कष्टकारक बन सकता है; यह ज्योतिष विज्ञान की सहायता से पता लगाया जा सकता है। कौन-सी राशि का व्यक्ति कौन-से रत्न धारण करे, यह इस पुस्तक से अत्यन्त सुगम हो जायेगा। इस पुस्तक के लेखक हैं ज्योतिष के प्रकाण्ड पण्डित राधाकृष्ण श्रीमाली, जिन्होंने इस विषय का गहन अध्ययन किया है।

ज्योतिष और रत्न

प० राधा कृष्ण श्रीमाली

डायमंड बुक्स

www.diamondbooks.in

प्रकाशक : डायमंड पॉकेट बुक्स (प्रा.) लि.
X-30 ओखला इंडस्ट्रियल एरिया, फेज-II
नई दिल्ली-110020
फोन : 011-40712200
ई-मेल : wecare@diamondbooks.in
वेबसाइट : www.diamondbooks.in
संस्करण : 2025
मुद्रक : रेप्रो (इंडिया)

JYOTISH AUR RATAN
by : Dr. Radha Krishan Shrimali

अनुक्रमणिका

प्रस्तावना

प्रकृति ने मानव को अपनी तरफ से अनेक उपहार दिए हैं। इनमें से कई उपहार तो अमूल्य हैं। इनमें से एक अमूल्य उपहार रत्न है। संसार के प्रत्येक भाग में रत्नों के प्रति आकर्षण अति प्राचीनकाल से ही चला आ रहा है। ये अमूल्य चमकीले रत्न खनिज संसार के देदीप्यमान पुष्प हैं, जिनमें किसी प्रकार की सुगन्ध न होते हुए भी ये सुवासित हैं, चित्ताकर्षक हैं और चिरयौवन हैं, तथा ज्वलंत आभा के कारण बरबस मन मोह लेते हैं। और प्रकृति की यह अमूल्य देन संसार के लगभग किसी न किसी अंश में विश्व के सभी भागों में उपलब्ध है। रत्न केवल आभूषणों की ही शोभा नहीं बढ़ाते, बल्कि ऐसा विश्वास किया जाता है कि उनमें दैवी शक्ति भी है। इसके कारण भी रत्नों के प्रति जन साधारण का आकर्षण है। क्योंकि इसमें रोग-निवारण की भी शक्ति है। यह एक अमूल्य पुष्प की ही तरह हैं जो कभी मुरझाते नहीं, प्रकृति के क्रूर थपेड़ों से भी नहीं कुम्हलाते। ऋतुओं की परिवर्तनशीलता का भी इन पर कोई प्रभाव नहीं पड़ता।

रत्नों की मुख्ययतः निम्न श्रेणियां होती हैं।

1. **प्राणिज रत्न**—जैसे हाथी दांत, मोती इत्यादि।
2. **खनिजात्मक रत्न**—जैसे हीरा, मूंगा आदि।
3. **वानस्पतिक रत्न**—जैसे तृणमणि व जेट।

रत्नों की लोकप्रियता का यह भी एक कारण है कि ये सहज ही घिसते नहीं। रगड़ से भी इन पर किसी प्रकार की खरोंच नहीं पड़ती तथा इनकी चमक कभी भी धूमिल तथा मन्द नहीं पड़ती।

विश्व में जो रत्नों की श्रेष्ठता है उनके पीछे निम्नलिखित तीन गुण अति आवश्यक हैं :—

1. सौन्दर्य
2. दुर्लभता
3. स्थायित्व

यदि किसी रत्न में उपर्युक्त लिखे गुणों में से किसी एक गुण की भी कमी हो जाती है तो उस रत्न को उच्च श्रेणी में नहीं रखा जा सकता है। क्योंकि ये तीनों गुण अति आवश्यक हैं, जो दूसरे पदार्थों में उपलब्ध नहीं होते हैं।

भारतवर्ष प्रारम्भ से ही आध्यात्मिक सौन्दर्य के साथ-साथ आधिदैविक सौन्दर्य का पुजारी रहा है। उसकी आध्यात्मिक सम्पदा से समस्त विश्व चमत्कृत हुआ है। वहां उसकी भौतिक संपदा के सामने भी चकाचौंध रहा है। इसी कारण ही पहले भारत सोने की चिड़िया कहलाता था। इसी कारण विदेशी शासक भारत पर

शासन करना चाहते थे। सदियों से भारतीय भूमि ने अपने गर्भ से अमूल्य उज्ज्वल रत्न प्रदान किए हैं।

वैदिक काल में रत्नों के प्रयोग का उल्लेख नहीं मिलता, परन्तु हां, वे धातुओं का प्रयोग करते थे। विद्वान इस बात को स्वीकार करते हैं कि ऋग्वेद संसार का सबसे प्राचीन ग्रन्थ है। ऋग्वेद के अनेक मन्त्रों में 'रत्न' शब्द का प्रयोग किया गया है। इस महान् ग्रन्थ के सबसे प्रथम मन्त्र में 'अग्नि' को 'रत्नधातमम' कहा है। (अग्नमीले पुरोहितं यज्ञस्य देव मृत्विजम्। हातारं रत्न धातमम्) अथर्ववेद में मणियों का जिक्र अवश्य मिलता है पर ये मणियां रत्न नहीं थीं। वनस्पतियों की जाति थी। हमारे प्राचीन ग्रन्थ तथा ऐतिहासिक ग्रन्थों में जिनमें रामायण, महाभारत आदि सम्मिलित हैं, रत्नों का ज़िक्र है। आचार्य वराहमिहिर रचित 'बृहत्संहिता' में रत्नों के गुण-दोषों का स्पष्ट विवरण दिया गया है। आयुर्वेद के प्राचीन ग्रन्थों में जिनमें 'भावप्रकाश' 'रस रत्न समुच्चय' तथा 'आयुर्वेद प्रकाश' सम्मिलित हैं, उनमें विभिन्न प्रकार की भस्मों और पिष्टियों के बनाने के तरीके और उनके उपयोग का वर्णन किया गया है। संस्कृत के महाकवियों में कालिदास तथा अन्य कवियों ने रत्नों के रूप-वैभव का उपयोग अपने पात्रों की उपमा देने में किया है। कौटिल्य के 'अर्थशास्त्र' के अध्ययन से मालूम होता है, कि उस समय रत्नों का प्रयोग, रत्नों की परीक्षा एवं रत्नों का प्रभाव आदि के बारे में जनसाधारण को ज्ञान था।

'कामसूत्र' में चौंसठ कलाओं मे रत्न-परीक्षा भी एक श्रेष्ठ कला मानी गई है।

बाइबिल में भी रत्नों की स्थान-स्थान पर चर्चा की गई है। हां यह सत्य है कि प्राचीन काल में रत्नों को अन्य नामों से जाना जाता था। जैसे आजकल की 'लेपिसलेजुली' (लाजवंती) प्राचीन काल में 'नीलम' के नाम से जानी जाने वाली थी और 'पेराडॉट (हरितोपल) को 'पुखराज' या 'टोपाज' कहा जाता था। स्फटिक (रॉक क्रिस्टल) और कटैला (एमीथिस्ट) जैसे नरम रत्नों को मान्यता प्राप्त थी। हीरा उस समय प्रचलन में नहीं आया था। स्फटिक और कटैला पर आसानी से पॉलिश की जा सकती थी तथा मनचाहे अनुसार मनमोहक सांचे में ढाला जा सकता था। इसी कारण ये प्राचीन काल में प्रसिद्ध थे।

ज्यों-ज्यों मानव विकसित होता गया उसके मन तथा दिमाग में रत्नों के प्रयोग की चाह बढ़ी। रत्नों के विभाजन में मुख्यतः तीन बातों का ध्यान रखा जाता है, कि वे पारदर्शक हैं, अल्प पारदर्शक हैं या अपारदर्शक हैं।

पारदर्शक रत्न इनमें सर्व प्रमुख पद के अधिकारी हैं। इनमें भी दो प्रकार होते हैं:— एक रंगविहीन तथा दूसरा रंगीन। रंगविहीन पारदर्शी रत्नों में हीरे का स्थान सर्वोपरि है। रंगीन रत्नों में विशिष्टता उन्हें मिलती है, जो पारदर्शक हों, जिनका रंग अधिक गहरा न हो और न अधिक हलका हो। अधिक गहरा रंग होने से वह रत्न अपारदर्शक हो जाता है, जिससे वह अपनी विशिष्टता खो बैठता है। इनमें नीलम, पुखराज तथा पन्ना अत्यन्त आकर्षक रंग के लिए चित्ताकर्षक होते हैं तथा अपारदर्शी रत्नों में फीरोजा महत्त्वपूर्ण है।

रत्नों का दूसरा गुण है उनकी दुर्लभता। मानव का स्वभाव है कि उसे आसानी से प्राप्त हो जाने वाली वस्तु के प्रति उसका आकर्षण समाप्त हो जाता है। इसके विपरीत जो वस्तु अप्राप्य हो या कठिनता से प्राप्त हो उसके प्रति आकर्षित व लालायित रहता है। उसे प्राप्त करने को हर पल इच्छुक रहता है। जब उसे वह वस्तु प्राप्त हो जाती ह तौ वह अति खुश हो जाता है।

इसका तीसरा गुण इसका टिकाऊपन है। वास्तव में वे ही रत्न सही अर्थों में रत्न कहलाने के अधिकारी हैं, जिनकी स्थायित्व व चमक तथा गुणों पर ऋतुओं, पानी व अम्ल का प्रभाव नहीं पड़े। क्योंकि रत्न कीमती होता है और कोई भी व्यक्ति हर वर्ष नया रत्न नहीं खरीद सकता है। रत्न के लिए यह जरूरी है कि वह रगड़ से सामान्यतः घिसे नहीं व उस पर किसी प्रकार की लकीरें व खरोंचें न पड़ें क्योंकि इससे रत्न भद्दे दिखाई देते हैं।

वैज्ञानिक दृष्टि से वे रत्न टिकाऊ कहे जाते हैं जिनकी कठोरता बालू के कण के समकक्ष या उससे ज्यादा होती है। क्योंकि हवा में मिश्रित बालू कण निरन्तर घर्षण करते रहते हैं। अतः यदि रत्न इन बालू कणों से नरम होगा तो अवश्य घिस जाएगा। तथा परिणाम स्वरूप उस रत्न की चमक मिटती रहेगी, इसलिए रत्नों की कठोरता इनसे ज्यादा आवश्यक मानी गई है। हीरा, पन्ना, पुखराज आदि ऐसे ही रत्न हैं।

कठोरता के साथ-साथ उनमें तन्मयता भी अति आवश्यक है। जिस रत्न में जितनी ज्यादा तन्मयता उपलब्ध होगी वह उतना ही टिकाऊ एवं श्रेष्ठ होगा। आपेक्षिक घनत्व, कठोरता, तन्मयता आदि श्रेष्ठ रत्नों की कसौटी हैं।

इन विशेषताओं के अतिरिक्त इनकी कुछ विशेषताएं और भी हैं जिनका सम्बन्ध फैशन से है। माणिक, हीरा, पन्ना, मोती और पुखराज इन पांच रत्नों की मांग सनातन काल से है और ये आज भी जौहरियों के शो-केस में मुख्य रूप से चमचमाते नज़र आयेंगे।

कभी-कभी कोई विशेष रंग लोकप्रिय हो उठता है। फलस्वरूप उस रंग से सम्बन्धित रत्न की मांग बढ़ जाती है। इस प्रकार उस रत्न की लोकप्रियता में वृद्धि हो जाती है।

आकार में छोटे तथा भार में कम होने के कारण इसे किसी भी जगह परिवर्तित किया जा सकता है। इसे अंगूठी, हार आदि में सहज ही जड़ सकते हैं। आकार छोटा होने के कारण इसे लाने ले जाने व संभाल कर रखने में किसी प्रकार की कठिनाई नहीं होती।

माणिक (रत्न)

अल्पमोली (Semi precious) रत्नों में वे खनिज पदार्थ आते हैं, जिनको मूल्यवान रत्नों की श्रेणी में स्थान नहीं दिया जा सकता, परन्तु अल्पमोली होने का मतलब यह नहीं कि वे रत्न कुछ महत्त्व के नहीं हैं। इनको अनेक सुन्दर और आकर्षक आभूषणों में जड़ा जा सकता है। उनमें कुछ निम्नलिखित हैं:—

1. जिरकन (Zircon) 2. लालड़ी (Spinel) 3. पुखराज (Topaz) 4. हरितमणि (Jade) 5. कटैल या नीलमणि (Amethyst) 6. चन्द्रकान्त (Moonstone) पेरीडाट तथा एम्बामेरिन तथा क्राईसोवेरील तुरमलीन (Tourmaline) आदि। इन पत्थरों में पर्याप्त कठोरता, सुन्दरता, आभा तथा टिकाऊपन उपलब्ध होता है। पॉलिश तथा काट के बाद इनमें से कुछ तो मूल्यवान रत्नों की श्रेणी में आने वाले रत्नों का मुकाबला कर सकते हैं। विशेषकर पेरीडाट और एम्बामेरिन तो कभी-कभी अपने सौन्दर्य से पन्ना और नीलम को भी मात दे देते हैं। और कभी-कभी वे मूल्यवान रत्नों के भाव बिक जाते हैं। पारखी तथा दक्ष जौहरी ही उसे पहचान सकते हैं।

मूल्यवान और अल्पमोली रत्नों के अतिरक्ति रत्नों की दो श्रेणियां और हैं। 1. संश्लिष्ट तथा 2. कृत्रिम रत्न। ये रत्न प्रकृति से प्राप्त नहीं होते हैं। इन्हें बनाने में असली रत्नों के तत्त्वों का इस प्रकार मिश्रण किया जाता है कि तैयार हो जाने पर असली रत्न के समान ही उनका संघटन (Composition) और रूप-रंग होता है। दूसरी श्रेणी में कृत्रिम रत्न आते हैं, जिनको साधारण भाषा में 'इमीटेशन' कहा जाता है। संश्लिष्ट रत्न कृत्रिम रत्नों से अधिक टिकाऊ होते हैं। कृत्रिम 'रत्न' चाहे रंग-रूप वैसा ही पा लें, परन्तु वे कांच या प्लास्टिक के बने होते हैं। अपारदर्शक कृत्रिम 'रत्नों को बनाने में तो अधिकतर प्लास्टिक का ही इस्तेमाल होता है।

संश्लिष्ट और कृत्रिम रत्न के अतिरक्ति एक और श्रेणी के रत्न भी बनते हैं, जिनमें दो पत्थरों को मिलाकर एक रत्न बनाया जाता है। इसको युग्म (Doublet) रत्न कहते हैं। यह क्रिया प्रायः कम रूप वाले असली रत्न को सुन्दर तथा आकर्षक बनाने के लिए प्रयोग में आती है। इसका ऊपरी भाग तो असली होता है तथा नीचे का नकली होता है। नीचे गहरा रंग रखा जाता है जिससे असली रत्न का रंग निखर जाता है। इसी प्रकार तीन खण्ड वाले रत्न भी बनाये जाते हैं। इसमें ऊपर तथा नीचे का भाग असली होता है तथा बीच वाला भाग नकली पत्थर (कांचादि) लगाया जाता है, इससे रत्न का रंग व रूप सुधर जाता है। इस तरह के बनाये गए रत्न को ट्रिपलेट (Triplet) कहते हैं। इस प्रकार के तैयार किये हुए पन्ने, माणिक्य, उपल और नीलम आदि रत्न प्रायः जौहरी-बाज़ार में दिखाई देते हैं।

आजकल तो वैज्ञानिक भी इसको बनाने में पीछे नहीं हैं। मोपसन नामक एक कैमिस्ट प्रथम व्यक्ति था जो संश्लिष्ट हीरे बनाने में सफल हुआ। उसने लोहे और शुद्ध कार्बन को मिलाकर बिजली की भट्टी पर गर्म किया। कुछ समय तक 4000° सेण्टीग्रेड के तापमान में रखकर उस मिश्रण को ठण्डे पानी में डाल दिया। इस प्रकार एकदम ठण्डा होने से तरल पदार्थ के चारों ओर फैलाये हुए बाहरी भाग पर एक लोहे की पपड़ी जम गई। इस प्रकार जो दबाव पड़ा यह इतना ज्यादा था कि कुछ कार्बन बाहर निकल पड़ी। उसने हीरे का रूप धारण कर लिया। अन्य कई कैमिस्टों ने संश्लिष्ट हीरे तैयार किये परन्तु वे व्यापारिक रूप न पा सके तथा वे बाज़ारों में न आ सके।

माणिक्य, पुखराज और नीलम के संश्लिष्ट रत्नों का पर्याप्त मात्रा में उत्पादन होता है और आभूषणों में उनका उपयोग होता है। यह रत्न एक ही रासायनिक संघटन (Composition) अल्यूमिना के हैं। और अपनी प्राकृत अवस्था में कुरन्दम (Corundum) वर्ग में आते हैं। उनके रंगों में विभिन्नता उनमें मिले मेटेलिक ऑक्साइड्स (Metallic Oxides) के कारण होती है। 1904 में इसमें पूर्ण सफलता प्राप्त हुई। जब कि उस वर्ष एक कैमिस्ट वर्नील (Verneuil) अपनी प्रयोगशाला में संश्लिष्ट नीलम, माणिक्य और पुखराज बनाने में सफल हुआ था। इसके कारण ही प्राकृतिक रत्नों के भावों में गिरावट आ गई।

यद्यपि यह बनावटी जौहरी बाज़ार में अपना स्थान बनाने में सफल हो गये। परन्तु सुशिक्षित तथा दक्ष जौहरी इन संश्लिष्ट रत्नों और प्राकृत रत्नों के भेद को पहचान गये, अतः अब भी कृत्रिम रत्न वह आदर व प्रतिष्ठा नहीं पा सके जो प्रतिष्ठा प्रकृति द्वारा प्राप्त हुए रत्न पा सके। आजकल प्राकृत रत्नों की दुर्लभता के कारण उनका मूल्य भी बढ़ गया है।

आजकल लालड़ी (Spinel) और एलेक्सान्ड्राइट (Alexandrite) का उत्पादन महत्त्वपूर्ण है। इनका काफी आभूषणों में प्रयोग होता है परन्तु एक दक्ष जौहरी सदैव संश्लिष्ट और प्राकृत रत्नों को अभ्यास से या सूक्ष्म दर्शक यन्त्र से सरलता से पहचान सकता है।

इस सम्बध में निम्नलिखित बातें ध्यान में रखना आवश्यक है:—

1. संश्लिष्ट रत्नों में रासायनिक पदार्थ के जर्रे वक्रता के बने होते हैं। प्राकृत रत्नों में ये जर्रे छोटे-बड़े होते हैं और अनियमित रूप से बिखरे होते हैं।

2. यदि आन्तरिक धारियां (Strips) वर्तमान होती हैं तो प्राकृत रत्नों में सीधी होती हैं। संश्लिष्ट रत्नों में साधारणतया वक्र में होती है।

3. संश्लिष्ट रत्नों में छोटे-छोटे हवा (Air) के बुलबुले दिखाई देते हैं, जो साधारणतया बिलकुल गोल होते हैं। प्राकृत रत्नों में यदि ये बुलबुले होते हैं तो वे अनियमित (Irregular) आकार में होते हैं। और उनका रूप रंग प्राकृत रत्नों में मिलता-जुलता ही होता है।

4. जो आन्तरिक धारियां (Strips) वर्तमान होती हैं तो प्राकृत रत्नों में सीधी होती हैं। संश्लिष्ट रत्नों में ये कभी दिखाई नहीं देतीं। इन धारियों को रेशम कहा जाता है।

5. यदि मेथीलीन आयोडाइड के विलयन (Solution) में संश्लिष्ट और प्राकृत रत्न डाल दिये जायें तो प्राकृत रत्न डूब जायेगा और संश्लिष्ट सतह पर तैरता रहेगा।

6. संश्लिष्ट रत्नों की चमक कांच की चमक जैसी होती है परन्तु प्राकृत की चमक अलग होती है।

7. कृत्रिम (संश्लिष्ट) रत्नों का रंग प्रायः ठीक नहीं होता है। वह बनावटी दिखाई देता है।

8. प्राकृत नीलम माणिक्यों आदि रत्नों में विभिन्न अंशों के रंग में कुछ भिन्नता होती है। और यदि रंग की धारियां दिखाई देती हैं, तो वे समानान्तर होती हैं या अनियमित होती हैं, वक्र कभी नहीं होती हैं।

9. कृत्रिम रत्नों की चमक जल्दी ही मिट जाती है, परन्तु प्राकृत रत्नों की चमक वर्षों के बाद भी वैसी ही बनी रहती है।

10. कृत्रिम रत्नों को छूने से ज्यादा चिकने अनुभव होंगे जबकि प्राकृत रत्नों में ऐसी चिकनाई नहीं होती है।

रत्नों के प्रकार
(Kinds of the Gems)

चौरासी रत्न और उपरत्न

1. पन्ना (Emerald) —यह बोतली हरा या हरियाई सफेद रंग का होता है।

2. नीलम (Sapphire) —इसका रंग नीला (मोर की गर्दन की तरह) होता है। यह हलके रंग का भी होता है।

3. मोती (Pearl) —मोती लाल, सफेद, पीले तथा काले रंग के होते हैं।

4. मूंगा (Coral) —इसका रंग लाल या सिन्दूरिया होता है। यह खनिज नहीं होता है।

5. हीरा (Diamond) —यह सफेद, पीला, गुलाबी, लाल तथा काले रंग का होता है।

6. माणिक्य या मणिक (Ruby) —यह लाल रंग का होता है। 24 रत्ती से अधिक होने पर यह लाल कहलाता है। यह सबसे बहुमूल्य रत्न है।

7. लहसुनिया (Cat's eye) —इसमें बिल्ली की आंख के समान सूत पड़ता है। इसलिए इसको सूत्रमणि भी कहते हैं। इसका रंग पीलापन लिये हुए या स्याही लिये हुए भी होता है।

8. पुखराज (White Yellow Saphire) —यह रत्न पीला, नीला साथ ही सफेद रंग में प्राप्त होता है इसका अन्य नाम पुष्य राग भी है। फूल में जितने रंग होते हैं, इसमें भी उपलब्ध होते हैं।

9. उपल (Opal) —सब रंगों में प्राप्त होता है। इस पर सब रंगों का असर पड़ता है।

10. तुरमली (Tourmaline) —नरम पत्थर है। यह रत्न कई रंगों में प्राप्त होता है।

11. नरम (Spinel Ruby) —यह रत्न लाल, जर्दपन तथा श्यामपन लिये होता है।

12. मरगज (Jade) —यह बिना पानी का, हरे रंग का होता है।

13. गोमेद (Zircon) —जिरकन के कई रंग होते हैं। परन्तु जिस रत्न को हम गोमेद कहते हैं। वह लाल धुर्य के रंग का होता है।

14. रोमनी—यह गहरे लाल रंग का कुछ श्यामलता लिये होता है।

15. अहवा—इसका रंग गुलाबी होता है। उस पर बड़े-बड़े छींटे होते हैं।

16. बेरुज (Aquamarine) —इसका हलका हरा पन्ने का-सा रंग होता है।

17. लालड़ी —गुलाब के फूल के रंग का होता है।

18. फिरोजा (Turquoise) —आसमानी रंग का होता है।

19. जबरजद्द (Peridat) —यह हलके रंग का होता है। इसमें सूत नहीं पड़ता है।

20. सुनेहला (Citrine) —सोने के रंग के समान हल्का होता है।

21. कटैला (Amethyst) —बैंगनी रंग का नीले में धुआं मिला हुआ होता है।

22. सितारा (Gold Stone) —गेरुवे रंग का जिस पर सोने के छींटे पड़े होते हैं।

23. तामड़ा (Garnet) —काले रंग में लाली लिये होता है।

24. मकनातीस (Load Stone) —इसे चकमक पत्थर कहते हैं।

25. मरियस—यह सफेद रंग का होता है। इसकी पॉलिश अच्छी होती है।

26. सिन्दूरिया—यह गुलाबी रंग का कुछ सफेदी लिए होता है।

27. नीली—नीलम जाति का होता है, परन्तु नरम और कुछ जर्दी लिए होता है।

28. आबरी—यह काले रंग का पत्थर होता है।

29. बासी—यह हलके हरे रंग का संगसम से नरम होता है। इसकी पॉलिश अच्छी होती है।

30. जजेमानी—यह भी सुलेमानी की जाति का होता है। रंग भूरा होता है। उस पर डोरा पड़ा होता है।

31. लाजवर्त (Lazis Lazuli) —यह नीले रंग का नरम पत्थर होता है। पहले इसको ही नीलम समझा जाता था।

32. मकड़ा—हलका काला, ऊपर मकड़ी का जाला होता है।

33. लूधया—मजीठ के समान लाल रंग का होता है।

34. फिटक-स्फटिक (Rock-Crystal) —सफेद बिल्लौर को कहते हैं।

35. गौदन्ता (Moon Stone) —गाय के दाँत के समान थोड़ा जर्दपन लिए होता है। इसमें सूत भी पड़े होते हैं।

36. धुनेला (Smoky Quartz) —सोने के रंग का कुछ धुआँपन लिये होता है।

37. पितौमिया (Blood Stone) —यह हरे रंग का पत्थर होता है। जिस पर लाल रंग के छींटे होते हैं।

38. दुर्वेनजक —कच्चे धान के समान होता है। इस पर पॉलिश अच्छी होती है।

39. सुलेमानी (onyx) —काले रंग का पत्थर होता है। इस पर सफेद डोरा होता है।

40. सावोर—यह हरे रंग का होता है। इस पर भूरे रंग का डोरा होता है।

41. तुरसावा—यह बहुत नरम पत्थर होता है। गुलाबी रंग में कुछ जर्दी लिए

होता है।

42. आलेमानी—यह भी सुलेमानी की जाति का होता है। इसका रंग भूरा होता है जिस पर डोरा होता है।

43. पारस—इसको अगर लोहे पर स्पर्श करें तो लोहा सोना बन जाता है। यह दुर्लभ वस्तु है।

44. कुदूरत—यह काले रंग का होता है। उसके ऊपर सफेद जर्द दाग होते हैं।

45. संगसन (White Jode) —यह सफेद अगूरी रंग का होता है।

46. चित्ती—काले रंग का होता है। उसके ऊपर सोने का डोरा होता है।

47. लारु—जात मारबर की तरह होता है।

48. मारवर—यह बांस जैसे रंग का होता है तथा लाल तथा सफेद रंग का होता है।

49. दाना फिरंग (Kidney Stone) —इसका रंग पिस्ते के समान होता है।

50. कसौटी—इस पत्थर को सोने की परीक्षा के लिए उपयोग में लिया जाता है।

51. दारचना—यह दारचना के समान होता है।

52. हकीक कल बहार—यह जल में उत्पन्न होता है। इसकी माला बनाई जाती है।

53. सीजरी—यह सफेद रंग का होता है। इस पर काले रंग के वृक्ष का रूप बना होता है।

54. मुबेनज्फ—यह सफेद रंग का होता है। इसमें बाल के रंग के समान रंगदार रेखा होती है।

55. हालन—यह गुलाबी रंग का होता है। हिलाने पर इसका रंग भी हिलता है।

56. कहरुवा (Amzer) —यह लाल रंग का होता है। इसकी माला बनती है।

57. संगबसरी—आंखों के लिए सुरमा बनाने के लिए उपयोग किया जाता है।

58. झना—मटिया। इसमें पानी देने से झड़ जाता है।

59. दांतला—पीलापन लिए जूना शंख के समान।

60. संगीया—शंख के समान सफेद होता है। इसके घड़ी के लाकेट बनते हैं।

61. कामला—रंग हरा सफेदी लिये हुए।

62. गूदड़ी—कई प्रकार की हैं, इसे फकीर लोग पहनते हैं।

63. हरीद—काला-भूरापन लिये हुए। वजन में भारी। इसकी माला बनती है।

64. गौरी—सब रंग का होता है। इस पर सफेद सूत होता है। इसके प्याले तथा जवाहरात तोलने के बाट बनाये जाते हैं।

65. सिफरी—रंग आसमानी हरापन लिये हुए।

66. हवास—यह हरे रंग का कुछ सुनहला-सा होता है।

67. सींगली—यह माणिक्य जाति का रत्न है। लाल रंग, कुछ श्यामलता लिये

हुए।

68. ठेडी—काला, इसके खरल और प्याले बनते हैं।

69. हकीक (Agalic) —यह सभी रंगों में मिलता है। इसके खिलौने, मूठें, प्याले बनते हैं।

70. सीया—काला होता है। इसकी मूर्तियां बनती हैं।

71. सीमरक—यह लाल रंग का पीलापन लिये हुए होता है।

72. मूसा—सफेद मटिया रंग का होता है। इसके खरल व प्याले बनते हैं।

73. डूर—कत्थे के रंग का होता है इसके खरल बनते हैं।

74. खारा—काला हरापन लिये होता है तथा इसके खरल बनाये जाते हैं।

75. सीर खड़ी (Gypsum) —रंग मिट्टी के समान होता है। इसके खिलौने बनाये जाते हैं।

76. पारा जहर—सफेद बांस जैसा होता है। घाव पर लगाने से घाव ठीक हो जाता है। विषैले घाव शीघ्र ठीक हो जाते हैं।

77. पनघन—यह काले रंग का कुछ हरापन लिये हुए होता है। इसके खिलौने बनाये जाते हैं।

78. अमलीया—थोड़ा कालापन लिए गुलाबी। इसके खरल बनाये जाते हैं।

79. लिलियर—काला रंग, इस पर सफेद छींटे होते हैं। खरल बनाये जाते हैं।

80. सोहन मक्खी—सफद मिट्टी के समान होता है। मूत्र-रोग में लाभ पहुंचाता है।

81. सुरमा—काले रंग का होता है।

82. हजरते ऊद—काले रंग का होता है। इसका प्रयोग आंख की औषधि में किया जाता है।

83. रवात—यह लाल रंग का होता है। रात में ज्वर आये तो बगल में बाँधने से लाभ होता है। यह नीले रंग का भी होता है, जिसका औषधि बनाने में उपयोग किया जाता है।

84. ज़हर मोहरा—कुछ हरापन लिए हुए सफेद। इसके प्याले में विष भी अपने कुप्रभाव को खो बैठता है।

पाश्चात्य विद्वान महीनों के अनुसार रत्न धारण करने की सलाह देते थे। उनके अनुसार जीवन में जन्म-माह ही प्रमुख है। और अन्य माह से सम्बन्धित रत्न पहनने से व्यक्ति के जीवन में सर्वातोन्मुखी उन्नति सम्भव होती है। यह निम्नलिखित विवरण से स्पष्ट हो जाती हैं।

1. चैत्र	कपास मणि
2. बैसाख	हीरा
3. ज्येष्ठ	पन्ना
4. आषाढ़	मूंगा
5. श्रावण	माणिक्य या लाल

6. भाद्रपद	पेरिडोट या हरितोपल
7. आश्विन	नीलम
8. कार्तिक	रत्नपोल
9. मार्गशीर्ष	पुखराज
10. पौष	फीरोजा
11. माघ	तामड़ या रक्तमणि
12. फाल्गुन	जंबूमणि या नील राग मणि

ज्योतिष शास्त्र के अनुसार जो ग्रह मनुष्य के पूरे जीवन को प्रभावित करता है, उस ग्रह से सम्बन्धित रत्न पहनने से ही जीवन में अनुकूलता प्राप्त होती है। सूर्य, चन्द्र या मंगल आदि ग्रह किसी-न-किसी रत्न के कारक हैं।

ग्रहों व रत्नों में सम्बन्ध

ग्रहों तथा रत्नों में भी सम्बन्ध होता है, जो निम्नलिखित विवरण से स्पष्ट हो जायेगा।

	ग्रह	रत्न	अंग्रेजी नाम
1.	सूर्य	माणिक्य	Ruby
2.	चन्द्र	मोती	Pearl
3.	मंगल	मूंगा	Coral
4.	बुध	पन्ना	Emerald
5.	बृहस्पति	पुखराज	Topaz
6.	शुक्र	हीरा	Diamond
7.	शनि	नीलम	Sapphire
8.	राहु	गोमेद	Hessonite
9.	केतु	लहसुनिया	Cat's eye

कुछ विद्वानों के अनुसार जन्म-कुण्डली को पूर्णतः प्रभावशाली बनाने वाले ग्रह का रत्न तो पहनना चाहिए पर वह रत्न तब तक प्रभावशाली नहीं होता जब तक कि उसके साथ लग्न के स्वामी से सम्बन्धित रत्न नहीं पहना जाय। उनके अनुसार एक ही उंगली में जीवन को प्रभावशाली बनाने वाले ग्रह रत्न और लग्न स्वामी से सम्बन्धित रत्न को भी एक ही अंगूठी में जड़ाकर पहनना चाहिए।

कौन से लग्न का कौन स्वामी है और उससे सम्बन्धित रत्न कौन-सा है, यह नीचे स्पष्ट हो जायेगा।

स०	लग्न राशि	स्वामी ग्रह	अनुकूल रत्न
1.	मेष	मंगल	मूंगा
2.	वृष	शुक्र	हीरा
3.	मिथुन	बुद्ध	पन्ना
4.	कर्क	चन्द्र	मोती
5.	सिंह	सूर्य	माणिक्य
6.	कन्या	बुध	पन्ना
7.	तुला	शुक्र	हीरा
8.	वृश्चिक	मंगल	मूंगा
9.	धनु	गुरु	पुखराज
10.	मकर	शनि	लोहा, नीलम
11.	कुम्भ	शनि	लोहा, नीलम
12.	मीन	गुरु	पुखराज

अंग्रेज़ी सभ्यता व संस्कृति से सम्बन्धित लोग अपने जन्म की तारीख व महीना ध्यान में रखते हैं। पाश्चात्य ज्योतिष के अनुसार अंग्रेजी महीनों से सम्बन्धित रत्न दूसरे हैं। उनकी मान्यता के अनुसार जिस व्यक्ति का जन्म अंग्रेज़ी के जिस महीने में हुआ है, उसे उससे सम्बन्धित रत्न ही पहनना चाहिए। जो निम्नलिखित है:

क्रम-संख्या	अंग्रेज़ी महीना	सम्बन्धित नाम
1.	जनवरी	मूंगा
2.	फरवरी	एमेथिस्ट
3.	मार्च	एक्वामरीन
4.	अप्रैल	हीरा
5.	मई	पन्ना
6.	जून	सुलेमान
7.	जुलाई	माणिक
8.	अगस्त	गोमेद
9.	सितम्बर	नीलम
10.	अक्तूबर	चन्द्रकान्त
11.	नवम्बर	पुखराज
12.	दिसम्बर	वैडूर्यमणि

नीचे रत्न और उनके संस्कृत तथा अंग्रेज़ी नाम दे रहा हूं जिससे सुविधा होगी।

क्र. सं.	रत्न	संस्कृत नाम	अंग्रेजी नाम	फारसी नाम
1.	मोती	मुक्तक	पर्ल	मोतिया
2.	मूंगा	विद्रक प्रवाल	कोरल	मिरजान
3.	पन्ना	मरकत	एमराल्ड	जमूरन
4.	हीरा	वज्रमणि	डायमण्ड	अलिमास
5.	गोमेद	गोमेदक	झिरकान	भेदक
6.	नीलम	इंद्रनील	सेफायर	नीला बिल
7.	माणिक	पद्मराग	रूबी	याकूत
8.	पुखराज	पुष्पराग	टोपाज	जर्द याकूत
9.	लहसुनिया	वैडुर्य	कैट्स आई	स्टोन वैडूर्य

रत्न सम्बन्धित धातु की अंगूठी में ही पहनी जाय तो ज्यादा प्रभावशाली सिद्ध होता है। यह जानकारी नीचे दे रहा हूं।

	ग्रह	धातु
1.	सूर्य	स्वर्ण
2.	चन्द्रमा	चांदी
3.	मंगल	स्वर्ण
4.	बुध	स्वर्ण, कांसा
5.	बृहस्पति	चांदी
6.	शुक्र	चांदी
7.	शनि	लोहा, सीसा
8.	राहु	पंच धातु
9.	केतु	पंच धातु

चांदी, स्वर्ण, तांबा, लोहा व कांसा—इन पांच धातुओं को समान मात्रा में लेकर जो पदार्थ बनाया जाता है, उसे पंच धातु कहते हैं। इस पंच धातु की अंगूठी में भी रत्न जड़ा जा सकता है।

रत्न एवं चिकित्सा

रत्नों का चिकित्सा से गहरा सम्बन्ध है। आज के वैज्ञानिक युग में जो बीमारी डॉक्टरी चिकित्सा से ठीक नहीं की जा सकती वह बीमारी रत्न-चिकित्सा से आराम से ठीक की जा सकती है। आज के वैज्ञानिक युग में कई यन्त्र बनाये गए हैं जो रोगी के आन्तरिक ढांचे के कार्यों का पता लगा सकते हैं परन्तु उसको पूर्णरूप से ठीक करने में कम ही सफल हो पाते हैं। परन्तु 'रत्न चिकित्सा' से रोगी की बीमारी पूर्णरूप से ठीक हो जाती है।

इस ब्रह्माण्ड का रहस्य अलौकिक है। और यह अलौकिक ब्रह्माण्ड सप्तज्योति से दीप्त है। अर्थात् सात प्रकार के मुख्य प्रकाशों से ही यह ब्रह्माण्ड निर्मित है और सात रत्न ही इन सात प्रकार के प्रकाश के अधिष्ठाता हैं।

आंखों से हम जो प्रकाश देखते हैं, वह अपने आप में शुद्ध प्रकाश नहीं है। वह तो एक प्रकार का धोखा है। जब हम किसी रत्न को त्रिकोण कांच (Prism) से देखते हैं, तभी उससे वास्तविक रंग का बोध होता है। उदाहरण के लिए पीला पुखराज दिखने में सुनहला या पीला है, पर यदि उसे त्रिकोण कांच से देखें तो उसमें आसमानी रंग (Blue Colour) स्पष्ट झलकता है। अतः पुखराज पीले रंग का प्रतिनिधित्व नहीं करता अपितु वह आसमानी रंग का प्रतिनिधित्व करता है।

ब्रह्माण्ड वेष्टित सात रंग निम्न हैं।

1. हरा
2. नीला
3. पीला
4. लाल
5. आसमानी
6. बैंगनी
7. नारंगी

'रत्न चिकित्सा' की दृष्टि से इनका प्रतिनिधित्व जो रत्न करते हैं, वे निम्नलिखित हैं—

सं.	रंग	रत्न
1.	लाल	माणिक्य
2.	पीला	मूंगा
3.	हरा	पन्ना
4.	बैंगनी	नीलम
5.	नीला	हीरा
6.	नारंगी	मोती
7.	आसमानी	पुखराज

यही सात रंग सूर्य की किरणों में हैं, जो कि प्रिज्म के माध्यम से बखूबी देखे जा सकते हैं। इसको अंग्रेजी का शब्द (Vibgyor) प्रकट करता है।

V — Violet	बैंगनी
I — Indigo	नीला
B — Blue	आसमानी
G — Green	हरा
Y — Yellow	पीला
O — Orange	नारंगी
R — Red	लाल

प्रकाश, रत्न एवं रोग—

रोग एवं उससे सम्बंधित प्रकाश के बारे में जानकारी नीचे दी जा रही है:

(a) **बैंगनी-नीलम—शनि**—नपुंस्कत्व लिंग, लिंग रोग, गैस्ट्रिक ट्रबल, योनि, गुदा, विष-पान, वायु से सम्बन्धित रोग, मूर्च्छा, हिस्टीरिया आदि।

(b) **नीला-हरा—शुक्र**—मुख रोग, गला, वीर्य, गले से सम्बन्धित रोग, जलघात व वीर्य आदि रोगों के लिए। यह वीर्य क्षीणता सम्बन्धी बीमारी में लाभकारी होता है तथा अन्य कई रोगों के लिए काम आता है।

(c) **लाल-माणिक्य—सूर्य**—अंधता, हृदय रोग तथा हार्टअटैक (Heart Attack) आदि रोग में लाभ पहुंचाता है।

(d) **हरा-पन्ना—बुध**—यह रत्न चर्मरोग, हकलाना तथा वाणी से सम्बन्धित रोग में विशेषकर लाभकारी सिद्ध होता है। इसके साथ यह अंतड़ियों में सूजन, आँत रोग तथा अस्थमा आदि रोगों में अत्यन्त लाभकारी सिद्ध होता है।

(e) **आसमानी-पुखराज—बृहस्पति**—यह रत्न मोटापा कम करने तथा शरीर सुडौल बनाने में सहायक सिद्ध होता है। जिगर (लीवर) की बीमारी वाले रोगी के लिए यह एक वरदान होता है। तथा यह चर्बी, पांव, लंगड़ापन नितम्ब (हिप्स), स्तन, स्तनरोग, स्तनों का कम बढ़ना आदि के लिए भी उपयोगी होता है।

(f) **पीला-मूंगा—मंगल**—यह अण्डकोष के बढ़ने तथा तकलीफ के समय लाभकारी सिद्ध होता है। यह मसल्स, सिर रोग, सिर में दर्द रहना, पागलपन का दौरा पड़ना तथा हड्डियों से सम्बन्धित रोग में काम में लिया जाता है।

(g) **नारंगी-मोती—चन्द्रमा**—यह खून की कमी तथा खून का खराब होना आदि रोगों में लाभकारी होता है। यह प्रदर, रक्त स्राव, रतौंधी, सीने का दर्द, कमजोरी, भेंगापन, नेत्ररोग व दृष्टिदोष में काम आता है। इसके साथ यह छाती के रोग में लाभकारी होता है।

इस प्रकार रत्न शोभा ही नहीं बढ़ाते बल्कि चिकित्सा के क्षेत्र में भी अपना प्रतिष्ठित स्थान रखते हैं।

रत्न औषधि

रत्नों के गुणों को देखकर हम कह सकते हैं कि वह अमूल्य वस्तु है क्योंकि इसके विभिन्न क्षेत्रों में प्रयोग किये जा सकते हैं। सौन्दर्य के क्षेत्र में, चिकित्सा के क्षेत्र में तथा उसके साथ औषधि-निर्माण में यह अपना महत्त्वपूर्ण स्थान रखता है।

रत्न-औषधि बनाने का तरीका अत्यन्त सरल है। इसमें कोई ज्यादा कठिनाई नहीं उठानी पड़ती। जिस रत्न से सम्बन्धित गोलियां बनानी हैं, सर्वप्रथम उस रत्न को शुद्ध अलकोहल में साफ करलें, फिर उसके बाद स्वच्छ शीशी में एक ड्राम शुद्ध अलकोहल लेकर उसमें आधी रत्ती या इससे कुछ बड़ा सम्बन्धित रत्न डाल दें, उसको काग से कसकर बन्द कर दें। क्योंकि उसके अन्दर हवा नहीं जानी चाहिए। हवा अन्दर जाने से औषधि शुद्ध नहीं होगी।

इसके बाद इसको सात दिन तक तथा सात रात अंधेरे में बन्द स्थान पर रख. दें। उसके बाद उसमें से रत्न निकाल लें। एवं शीशी को पांच-छः मिनट तक हिलायें। उसके बाद इसमें दुग्ध शर्करा की छोटी-छोटी गोलियां डाल दें, जिससे वे गोलियां उस अलकोहल को पूरी तरह सोख लेंगी। इसके बाद इन गोलियों को अलग स्वच्छ शीशी में डाल कर रख लें। उस पर रत्न के नाम का लेबल चिपकाकर रख दें। बस उसके बाद औषधि तैयार और उसे उससे सम्बन्धित बीमारी वाले रोगी को दें। आपको स्वतः विश्वास हो जायेगा कि रत्न भी एक महत्त्वपूर्ण औषधि है।

यह रत्न औषधि मस्तिष्क विकृतता के लिए तो एक वरदान साबित हुई। इसके प्रयोग से कई वर्षों पुराना रोग जड़मूल से नष्ट हो जाता है।

परन्तु एक बात का धान रखना अति आवश्यक है कि वह रत्न जो आप औषधि बनाने में प्रयोग कर रहे हैं वह शुद्ध हो, खरा हो तथा ज्योतिषीय दृष्टि से पूर्ण रूप से शुद्ध हो।

आयुर्वेद के क्षेत्र में इसका महत्त्वपूर्ण स्थान है। इसमें रोगों के उपचार के लिए रत्न भस्म देने का नियम है। परन्तु भस्म बनाने की प्रक्रिया अवश्य जटिल है। किन्तु उसका प्रभाव सटीक होता है।

यूनानी चिकित्सक भी रत्नों की पिष्ठी बनाकर असाध्य रोग को समाप्त करने की क्षमता रखते हैं। कई जटिल रोगों पर उन्होंने विजय प्राप्त की है।

अतः उपर्युक्त विवरण से सिद्ध हो गया है कि रत्न भी एक महत्त्वपूर्ण औषधि है।

रत्न और प्रतिनिधि

प्रत्येक ग्रह कुछ विशिष्ट कार्यों के प्रतिनिधि के रूप में कार्य करते हैं। यह बात निम्नलिखित विवरण से सिद्ध हो जायेगी।

1. चंद्रमा—यह ग्रह स्मरणशक्ति, भावनाएं, मनोविकास, बाईं आंख, फेफड़े, छाती, माता, यश, मन-बुद्धि, सम्पत्ति मातृचिंता, कवि-कर्म, निन्दा, कीर्ति, ललित कलाओं के प्रति प्रेम आदि को प्रभावित करता है।

इसके अलावा औषधि के क्षेत्र में दवाइयों के बारे में इसका प्रभाव देखने को मिलता है। व्यापारिक क्षेत्र में अनाज, आयात-निर्यात, उतार-चढ़ाव, किराना वस्तु का व्यापार, नमक, पानी सिंचाई कार्य में भी इस ग्रह का प्रभाव देखने को मिलता है।

2. शुक्र—यह सौन्दर्य, पुष्प, इत्र तथा सुगंधित पदार्थों का कारक है। यह रत्न, धन, भूषण, गीत-काव्य, वस्त्र तथा वस्त्रों का व्यापार, यौवन, साहित्य-चर्चा, वशीकरण, इष्ट-सिद्धि, मधुरवाणी, गायन, वाहन, प्रेमी, खेल-कूद, फर्नीचर की दूकान, वाहन, कार, मोटर, वायुयान, हंसी-मज़ाक, कार्य, कामेच्छा, शैयासुख, विवाह, आंख, रक्त, स्त्री-सम्बन्धी रोग, वीर्य विकास, भागीदार, नर्स-प्रशिक्षण, स्त्री-अधिकार, पुरातत्त्व प्रेम, पुराने कार्य, स्त्रियों के व्यापार, शराब का व्यापार, नौकर-चाकर, शराब, ध्वनि-सम्बन्धी अवयव, कन्या, सन्तान, स्वतंत्र व्यवसाय, रेस, पशुधन, स्टेशनरी, फैंसी स्टोर, जुआ, फिल्म-व्यवसाय, आदि का कारक शुक्र ग्रह है।

उपर्युक्त कार्य शुक्र ग्रह के अनुसार करने चाहिएं जिससे लाभ होगा या सरलता से हो जायेगा।

3. गुरु—नौकरी, व्यवसाय, लोकसभा-विधानसभा की सदस्यता, न्यायाधीश, भाषण देने की कला, लेखक, प्रकाशक, काव्य, राज्य-कृपा, आजीविका तथा महत्त्वपूर्णपद का कारक ग्रह गुरु है।

यह ग्रह मांगलिक कार्य, शिक्षा, तीर्थ-यात्रा, धार्मिक कार्य, वेद-पाठन, स्वर्ण, फसल, पुत्र, ज्ञान, वात रोग, शरीर पुष्टता, कण्ठ-रोग, गुप्त स्थानों में रोग, मित्र सुख, यंत्र-मंत्र, भक्ति, गजेटेड अधिकारी, सचिव, संकट में धैर्यता, सहायता की भावना, सादा रहन-सहन तथा विवेक, पैर, दाहिना कान आदि के बारे में ज्ञान कराता है।

4. सूर्य—राज दूतावास, जुआ, कपड़ों का व्यापार, जवाहरात के कार्य, दवाइयां, फोटोग्राफी, ऊनी माल, चाय-सम्बन्धी कार्य, इंजीनियर, विद्युत-सम्बन्धी कार्य, बड़े भाई का सुख, दाहिनी आंख, पिता-प्रताप, कार्य, ज्ञान, आत्मा प्रभाव, आरोग्य, मन की शुद्धता। हृदय, पीठ, नाड़ी, राज्यकृपा, हड्डियों का प्रतिनिधित्व सूर्य करता है।

5. बुध—ज्योतिष कार्य, हस्त-रेखा ज्ञान, खेल-कूद, भाषणकला, टाइपिस्ट, परीक्षा, साक्षात्कार, विद्यार्थी काल, वायुरोग, कोढ़, मंदाग्नि, भूत-प्रेत बाधाएं, सिरदर्द पागलपन, मस्तिष्क-सम्बन्धी रोग, अभिमान, श्वास-रोग, दमा, हकलाहट, गूंगापन, गंदे विचार, डाक-तार विभाग, शेयर बाजार, बैंक-बीमा, वाणिज्य कार्य, कम्पनियों आदि का ज्ञान बुध के माध्यम से सरलता से कर सकते हैं।

6. शनि—पति या पत्नी से झगड़ा, मतभेद, जहर देना, जहर से मृत्यु, चोरी, ठगी, जेबकतरे, ओछे कार्य, वातरोग, ठंडक, तलाक, गठिया, स्नायुरोग, नपुंसकत्व, भगन्दर, पत्थरों का व्यापार, लोहे का व्यापार, तिल-तेल का व्यापार, वकालत, निम्न स्तर के लोगों से सहायता लेना या देना, काला रंग, संन्यासी, योगी, दार्शनिक, मशीनरी व्यापार, पेट्रोल, चमड़ा आदि का व्यापार शनि ग्रह के माध्यम से ही मालूम किया जा सकता है।

7. राहु—दूसरों की गलतियां निकालना, भ्रम, अफवाहें, प्रचार विभाग, पूर्वजों का गुणगान, लाटरी, आकस्मिक कार्य, गड़ा हुआ धन मिलना, गबन, खेल, सर्कस, रबड़, भूत-बाधा, गांजा, भांग, एजेण्ट (कमीशन), हिस्टीरिया, जादू के खेल, विधानसभा, लोकसभा, जिला परिषद, म्युनिसिपैलिटी, नींद नहीं आना, तार्किक स्वभाव आदि राहु ग्रह के प्रभाव से मालूम किये जा सकते हैं।

8. केतु—समुद्री कार्य, स्मगलिंग, कठिन कार्य, दुबलापन, बलात्कार, माप, अनैतिकता, फूहड़ बातें, चर्म रोग आदि के बारे में केतु ग्रह के माध्यम से जानकारी प्राप्त कर सकते हैं।

अतः ग्रहों के द्वारा हम अपने जीवन के प्रत्येक भाग में निर्देश प्राप्त कर सकते हैं, जिससे हमारी जिन्दगी में आने वाली मुसीबतों को इन ग्रहों के द्वारा मालूम किया जा सकता है। तथा उन्हें सरलता से दूर किया जा सकता है। जिससे कई कठिन से कठिन कार्य बड़ी सरलता से सम्भव हो जाते हैं तथा अपने अनुकूल व्यवसाय, नौकरी को करने में सफलता प्राप्त कर सकते हैं।

मित्र तथा शत्रु

रत्न पहनते समय यह ध्यान रखना चाहिए कि कहीं उसके विपरीत प्रभाव वाला रत्न तो नहीं पहन लिया है। क्योंकि रत्नों में भी मित्र तथा शत्रु होते हैं। अतः पहनने से पूर्व यह जानना अति महत्त्वपूर्ण है कि कौन-सा रत्न किसका शत्रु है तथा किसका मित्र है। जिससे कभी लाभ के बदले हानि होने का खतरा हो जाता है।

अतः नीचे रत्नों के मित्र व शत्रुओं की जानकारी दी जा रही है जो पाठकों के लिए अत्यन्त ही लाभकारी सिद्ध होगी।

रत्न	मित्र	शत्रु	सम (न मित्र न शत्रु)
हीरा	पन्ना नीलम	माणिक्य, मोती	मूंगा, पुखराज
मोती	माणिक्य, पन्ना		हीरा, मूंगा, पुखराज, नीलम
मूंगा	माणिक्य मोती पुखराज	पन्ना	हीरा नीलम
पन्ना	माणिक्य, हीरा	मोती	मूंगा, पुखराज
नीलम	पन्ना, हीरा	माणिक्य, मोती मूंगा	नीलम, पुखराज
माणिक्य	मोती, मूंगा पुखराज	हीरा नीलम	पन्ना
गोमेद	पन्ना, नीलम, हीरा	माणिक्य, मोती मूंगा	पुखराज
लहसुनिया	पन्ना, नीलम, हीरा	माणिक्य मोती मूंगा	पुखराज

नवरत्न—माणिक्य (Ruby)

विविध नाम—A. हिन्दी—लाल, चुन्नी, माणिक्य, लाल मणिक, तथा रुगल आदि।

B. **संस्कृत**—माणिक्य, रत्न, वासुरत्न, रत्ननायक, लक्ष्मी पुष्प, पद्मराग, स्त्रोणरत्न, लोहित, रवि रत्न, कुरुविन्द, सोगन्धिक, शौणरत्न।

C. अंग्रेजी—रूबी (Ruby)

D. मराठी—माणिक

E. फारसी—याकूत

F. लैटिन—रूबी, नर्स

G. बंगला—माणिक

H. गुजराती—चुन्नी, माणिक

I. अरबी—लाल बदख्शां, लाल, बदपशफनि

J. तेलगू—माणिक्यम्

नव रत्नों का नव ग्रहों से सम्बन्ध

सभी रत्नों में से केवल नौ रत्नों का महत्त्वपूर्ण स्थान है। ये नौ रत्न निम्नलिखित हैं—(1) माणिक्य (पद्मराग) (2) मोती (3) पन्ना (4) हीरा (5) गोमेद (6) मूंगा (प्रवाल) (7) पुखराज (8) नीलम (9) वैदूर्यमणि।

उत्पत्ति

A. मान्यताएं—रत्नों की उत्पत्ति के सम्बन्ध में बहुत-सी मान्यताएं और कथाएं हैं। अग्नि पुराण के अनुसार महाबली वृत्रासुर के वध के लिए विष्णु भगवान ने इन्द्र को सुझाव दिया कि महातपस्वी दधीचि की हड्डियों से अस्त्र बनाया जाए। देवताओं की प्रार्थना पर महामुनि ने अपना शरीर देवताओं को भेंट कर दिया और इन्द्र ने उनकी हड्डियों से 'वज्र' बनाकर उससे वृत्र का वध किया।

अस्त्र निर्माण करते समय पृथ्वी पर गिरे अस्थि-खण्डों से 'हीरा' (वज्र) की खानें बन गईं।

अतः इससे यह सिद्ध हो जाता है कि विश्व में 'हीरे' से कठोर कोई भी वस्तु नहीं है।

समुद्र मंथन की कथा—इस कथा के अनुसार जब सुरों व असुरों ने समुद्र का मन्थन किया तो 14 रत्न पदार्थ निकले। उनमें कौस्तुभ मणि एक रत्न था। फिर इससे निकले 'अमृत'- को लेकर सुरों-असुरों का संघर्ष हुआ। छीना-झपटी में अमृत की बूंदें पृथ्वी पर जहां-तहां बिखरीं और ये अमृत की बूंदें जहाँ कहीं भी गिरीं वहीं पर पृथ्वी की मिट्टी में मिलकर 'रत्न' बन गईं।

बलासुर की कथा—पुराने जमाने की कथा के अनुसार एक बार महादानव बलासुर व देवराज इन्द्र के बीच किसी कारणवश युद्ध छिड़ गया परन्तु युद्ध में बलासुर विजयी हुआ। तब इन्द्र ने किसी तरह उसको नष्ट करने की ठान ली। क्योंकि महादानव बलासुर की एक विशेषता थी कि वह वचन का पक्का था। इसका लाभ उठाकर इन्द्र ने उसे देवताओं के यज्ञ में अपना शरीर बलि के रूप में समर्पित करने का वचन ले लिया। अतः बलि पशु बने। बलासुर के शरीर के टुकड़े जहां-जहां गिरे वहां विविध रत्नों के भण्डार हो गए।

राजा बलि की कथा—दैत्यराज बलि का वध करने के लिए विष्णु ने वामन अवतार धारण किया और उसके दर्प को चूर्ण किया। इस अवसर पर भगवान् के चरण-स्पर्श से बलि का सारा शरीर रत्नों का बन गया। उसके बाद देवराज इन्द्र ने उस पर वज्र का प्रहार किया जिससे उसका सारा शरीर टुकड़े-टुकड़े हो गया तथा शरीर के टुकड़ों को भगवान शिव ने अपने त्रिशूल पर धारण कर और उनमें नवग्रहों और बारह राशियों के प्रभुत्व का आधान करके पृथ्वी पर गिरा दिया। इसी से ये रत्नों के भण्डार प्राप्त हुए। कहते हैं कि राजा बलि के शरीर के विभिन्न अंगों से ही 84 प्रकार के रत्नों-पत्थरों और मणियों की उत्पत्ति हुई। जैसे कि रक्त से माणिक्य, मन से मोती, पित्त से पन्ना, मांस से पुखराज आदि की उत्पत्ति हुई।

परन्तु आज के वैज्ञानिक युग में ये उपर्युक्त मान्यताएं निर्मूल सिद्ध होती हैं। क्योंकि निरंतर कठोर परिश्रम से यह प्रमाणित हो गया है कि विभिन्न रत्न कहां और उनकी भौतिक व रासायनिक बनावट किस प्रकार की है, तो इन प्राचीन मान्यताओं व कथाओं को मानना एक मूर्खता होगी। जब हम जान गए हैं कि मूंगा और मुक्ता जैविक उत्पत्ति के हैं तो हम कैसे विश्वास कर सकते हैं कि वह मोती

बलासुर की दन्त-पंक्ति से बने हैं, और मूंगे आंतों से। आज के युग में यह कोई नहीं मान सकता कि अमृत-कलश की बूंदों ने रत्नों का रूप धारण कर लिया। ये कथाएं मात्र मनोरंजन के लिए अवश्य मानी जा सकती हैं।

माणिक्य और नीलम दोनों मूल्यवान और लोकप्रिय रत्न हैं। दोनों की महारत्नों में गणना की जाती है। माणिक्य सुन्दर लाल रंग का होता है और नीलम आकर्षक नीले रंग का और एमरी काले रंग की होती है। माणिक्य की लाल जगमगाहट तथा नीलम की शानदार नीले रंग की दमक किसी और रत्न को प्राप्त नहीं होती है।

यह प्रकृति का चमत्कार ही है कि एक ही पदार्थ के इस प्रकार अलग-अलग रंग हों। माणिक्य और मणिम अधिकतर षड्मुखी 'प्रिज्म' और नीलम के 'द्वादश मुखी' 'प्रिज्म' से प्राप्त होते हैं। दोनों षड्भुजीय पद्धति (Hexagonal System) के अन्तर्गत आते हैं। सब रत्न पारदर्शक या पारभाषक होते हैं और अपनी कठोरता, आकर्षण और विविध रंगों में प्राप्त होने के कारण आभूषणों के अन्दर उपयोग के लिए उन्हें विशिष्ट स्थान प्राप्त है। इसके अन्दर जो पीले रंग का पत्थर होता है उसे पीला पुखराज कहा जाता है। जो रंग विहीन होते हैं वे सफेद पुखराज होते हैं। हरे रंग के रत्नीय पत्थर को हरा पुखराज (Green Sapphire) या प्राच्य पन्ना (Oriental Emerald) कहा जाता है। बैंगनी रंग के रत्नीय पत्थर प्राच्य एमीथिस्ट बन जाते हैं। गुलाबी रंग रत्नीय पत्थर भी कुरुन्दम समूह में आते हैं। रंगों में विभिन्नता उनमें उपलब्ध "मेटेलिक ऑक्साइड्स" के कारण होती है। स्टार रूबी और सैफायर भी कभी-कभी प्राप्त हो जाते हैं और इनको केबोकान काट में काटा जाता है, तो इनके शिखर पर छः किरणों की तारक छटा दिखाई देती है। कभी तो एक रत्नीय पत्थर से कई प्रकार के रंग दिखाई देते हैं।

माणिक्य का सबसे अधिक मूल्यवान रंग वह होता है जो कबूतर के रक्त के समान हो। बड़े और निर्दोष रत्नीय पत्थर दुर्लभ होते हैं और यदि कहीं प्राप्त हो जाएं तो वह अति मूल्यवान होते हैं। गहरे रंग के रत्नीय पत्थरों में आयरन ऑक्साइड की मात्रा अधिक होती है और यही माणिक्यों में लाल रंग के वर्तमान होने का कारण माना जाता है।

कबूतर के रक्त के समान लाल माणिक्य, जो प्रथम श्रेणी का माना जाता है, यदि पांच कैरट से ऊपर वजन का हो तो दुर्लभ माना जाता है। वास्तविकता यह है कि माणिक्य बड़े आकार के तथा अधिक वजन के रत्न कम ही देखे जाते हैं। इस दुर्लभता के कारण ही माणिक्य हीरे से भी ज्यादा मूल्यवान होते हैं।

सुन्दर माणिक्यों का आकर्षण लोगों के लिए ऐसा होता है कि उसको प्राप्त करने के लिए दूसरे की जान लेने में भी नहीं हिचकिचाते। यूरोप में माणिक्य की जितनी इज्जत है, अमेरिका में उससे कम है और पूर्वी देशों में तो वह ऐसा लोकप्रिय है कि जिसके पास सुन्दर माणिक्य हो उसको मुंह मांगे दाम पर नहीं बेचना चाहता है।

स्टार रूबी अत्यन्त दुर्लभ रत्नों में से है और बड़े आकार के माणिक्य भी उसी प्रकार दुर्लभ हैं। दस कैरट की तोल का माणिक्य का प्राप्त होना लगभग असम्भव-सा माना जाता है और यदि भाग्यवश उत्तम जाति का इस तोल का माणिक्य प्राप्त हो जाता है तो उतनी ही तोल हीरे से (जो कि सबसे अधिक मूल्यवान रत्न माना जाता है।) अधिक कीमती होता है। इससे यह सिद्ध होता है कि एक बार 42 कैरट का माणिक्य प्राप्त हुआ था, जो खण्ड के रूप में उस समय बाइस हजार पौण्ड का बिका था। एक काटा हुआ साढ़े सात कैरट का माणिक्य 1933 में दस हजार पौंड में बिका था।

इसमें सब ही रंगीन पत्थरों में शक्तिशाली द्विवर्णिता या दोरंगापन होता है। रत्न की कटाई में इसका ध्यान रखना पड़ता है। यद्यपि यह रत्नीय पत्थर अत्यन्त कठोर होते हैं परन्तु विदरण के तल पर मणिम बड़ी सरलता से टूट जाते हैं। इन सब में कठोरता समान नहीं होती। माणिक्य नीलम से कठोर होता है। हां, रंग की दमक (Fire) अधिक नहीं होती।

कठोरता में हीरे के बाद माणिक्य का ही नाम आता। लाल नीलम आदि एक खनिज की देन है। माणिक्य के तत्त्वों में एलमुनियम तथा ऑक्सीजन का सम्मिश्रण होता है। इसीलिए कोई माणिक्य हीरे से भी ज्यादा कीमत में बिक जाता है। तब यह कहावत सिद्ध होती है कि माणिक्य की दलाली में हीरे लिए जाते हैं। इस कहावत से यह सिद्ध हो जाता है कि माणिक्य हीरे से कीमती है।

माणिक्य की मुख्यत: पांच जातियां पाई जाती हैं।

1. पद्मराग—यह अत्यन्त चिकना, कोमल तथा तपे हुए सोने के समान आबदार तथा चारों तरफ सूर्य की किरणें लाता हुआ दिखाई देगा। माणिक्य सर्वश्रेष्ठ माणिक्य कहलाता है। इसके भीतर से पीले रंग की झाईं निकलती है। यह माणिक्य दुर्लभ होता है। इसी कारण इसकी कीमत हीरे से भी ज्यादा हो जाती है।

2. करबिन्द—यह आकार में छोटा और पानीदार होता है तथा इसके भीतर से हलके पीले रंग की झाईं निकलती है।

3. नीलगन्धी—इसका रंग कुछ नीला लिये हुए होता है। यह अधिकतर श्रीलंका में पाया जाता है।

4. सौगन्धिक—इसका रंग अनारदाने के रंग जैसा होता है। यह माणिक्य मध्यम श्रेणी में गिना जाता है।

5. जामुनिया—यह जामुन या लाल कनेर के फूल जैसे रंग का होता है। इसकी कीमत सामान्य होती है।

उत्पत्ति स्थान—माणिक्य अधिकतर बर्मा, श्रीलंका, अफगानिस्तान तथा हिन्दचीन की खानों में पाया जाता है। सर्वोत्कृष्ट माणिक ब्रह्मादेश के मोगोक (Mogok) नाम की खान का होता है, ऐसी मान्यता है कि मोगोक की खानें शताब्दियों से माणिक्य उगलती आ रही हैं। 18वीं शताब्दी में उन खानों पर कैदी

काम करते थे। खदान के स्वामियों से बर्मा के राजा के स्थानीय प्रतिनिधि कर वसूल करते थे और अगर कोई माणिक्य 2,000 रु० से अधिक मूल्य का निकलता तो हस्तगत करके सम्राट के पास भेज दिया जाता था।

बाद में इन खानों पर अंग्रेज़ों का प्रभुत्व कायम हो गया तथा उन्होंने शीघ्र ही एक कम्पनी बनाई जिसका नाम 'द बर्मा रुबी माइन्स लिमिटेड' रखा।

मोगोक क्षेत्र में अब भी काम होता है परन्तु कार्य-क्षेत्र बहुत सीमित है। वहां से प्राप्त माणिक्य सबसे उत्तम माणिक्य होता है। मोगोक के माणिक्य का रंग गुलाबी होता है। संसार में इससे कीमती माणिक्य और किसी खान में नहीं पाया जाता है। यह अत्यन्त चमकदार, आबदार व सुन्दर होता है।

काबुली माणिक्य में ललाई ज्यादा होती है मगर उसकी आब कुछ कम होती है जिससे वह उतना कीमती नहीं होता है।

स्याम तथा हिन्दचीन की खानों से भी माणिक्य प्राप्त होते हैं। इनका रंग कुछ-कुछ स्याम आभा लिए होता है। यह माणिक्य अत्यन्त कठोर होता है। जिसके सहज ही टुकड़े नहीं किये जा सकते हैं। इन माणिक्यों में सफेद छींट होते हैं। इसलिए इनकी कीमत अत्यन्त कम होती है।

लंका की खानों में जो माणिक्य प्राप्त होता है उसमें नीली आभा झलकती है। इसके अलावा अमेरिका व आस्ट्रेलिया में भी माणिक्य निकलता है। परन्तु उनका महत्त्व व्यवसाय में नहीं के बराबर है।

बर्मा से प्राप्त विशिष्ट रत्न

सन् 1875 में बर्मा के राजा ने दो बढ़िया माणिक्य बेच डाले। इनमें से एक जो बढ़िया लाल रंग का था, 37 कैरट का था तथा दूसरा 47 कैरट का था। इन दोनों को लन्दन में काटा गया। प्रथम रत्न का तोल घटकर 32.3 कैरट और दूसरे का 38. 6 कैरट रह गया है। इन्हें प्रमशः 10,000 तथा 30,000 पाउण्ड में बेच दिया गया।

बर्मा में एक भारी माणिक्य 400 कैरट का भी प्राप्त हुआ, इसको तोड़कर तीन टुकड़े बनाये गये। इसका एक भाग कलकत्ता में सात लाख रुपये में बिका।

माणिक्य की परीक्षा

1. सौ गुने दूध में माणिक्य को डाल देने से दूध लाल दिखाई दे अथवा लाल किरणें दिखाई देने लगें तो वह माणिक्य उत्तम है।

2. प्रातःकाल सूर्य के सामने दर्पण पर माणिक्य को रखें। यदि दर्पण के नीचे की तरफ छाया भाग में किरणें दिखाई दें तो वह उत्तम माणिक्य है।

3. जिस माणिक्य को प्रातःकाल सूर्य के सामने रखते ही उसमें से लाल रंग की किरणें चारों तरफ बिखरने लगें, वह माणिक्य महान्, उत्तम गुण का माना जाता है।

4. अन्धकार में माणिक्य को रखने पर वह सूर्य की आभा के समान प्रकाशित हो तो वह श्रेष्ठ माणिक्य है।

5. यदि माणिक्य पत्थर पर घिसने से पत्थर घिस जाये, परन्तु माणिक्य न घिसे और उसका वजन न घटे एवं घिसने से उसकी शोभा और भी बढ़ जाये तो उस माणिक्य को शुद्ध माणिक्य समझ लेना चाहिए।

6. कमल की पंखुड़ियों में रखने से अगर वह चमकने लगे तो उसे उत्तम माणिक्य समझना चाहिए।

7. माणिक्य पारदर्शक होना चाहिए।

8. श्रेष्ठ माणिक्य लाल कमल की पंखुड़ियों के समान लाल, निर्मल, कड़कदार, देखने में सुन्दर होना चाहिए।

9. गोल अथवा लम्बे माणिक्य को हमेशा उत्तम समझना चाहिए।

10. श्रेष्ठ माणिक्य समांग अंग अवयव वाला और दीप्तिमान होता है।

माणिक्य के दोष

यह हमेशा ध्यान में रखना चाहिए कि दोषयुक्त माणिक्य लाभ की अपेक्षा हानि ज्यादा करता है। यदि खान से निकला हुआ हो तो भी उसमें कोई न कोई दोष अवश्य पाये जाते हैं। इसी के परिणामस्वरूप वह विपरीत परिणाम देने वाला बन जाता है।

1. जालक—जिस माणिक्य में आड़ी तिरछी रेखायें या मकड़ी के जाले के समान रेखाएं दिखाई दें तो वह माणिक्य गृहस्थ-सुख का नाश करने वाला माना गया है।

2. दुरंगा—जिस माणिक्य में दो या दो से अधिक रंग दिखाई दें तो वह माणिक्य जीवन में परेशानियां लाने वाला माना जाता है।

3. सुन्न—जो माणिक्य बिना चमक वाला होता है, उसे सुन्न माणिक्य कहते हैं। इस प्रकार के माणिक्य में से किसी प्रकार की रश्मियां निकलती हुई नहीं दिखाई देतीं। ऐसा माणिक्य विपरीत फल देने वाला माना गया है।

4. दूधक—जिस माणिक्य का रंग दूध के समान हो या दूध के रंग के छींटे हों तो ऐसा माणिक्य विपत्ति लाने वाला तथा अशुभ माना जाता है।

5. त्रिशूल—जिस माणिक्य में त्रिकोण, त्रिभुज तीन लाइनें या त्रिशूल का चिन्ह्न हो तो वह माणिक्य सन्तान का नाश करने वाला माना गया है।

6. धूम्र—धुएं के रंग जैसा माणिक्य भी अशुभ एवं हानिकारक माना गया है।

7. हलका—अपने आपेक्षिक घनत्व से यदि माणिक्य कम हो तो ऐसा माणिक्य दोषयुक्त माना जाता है।

8. श्वेत—सफेद रंग का माणिक्य कीर्ति एवं धन-हानि करने में समर्थ होता है।

9. मटमैला—जिस माणिक्य का रंग गंदगी लिये हुए मैला-सा हो वह माणिक्य अशुभ माना जाता है।

10. चीरित—जिस माणिक्य में क्रॉस का चिन्ह हो या चीरा लगा हुआ हो तो वह चीरित माणिक्य कहलाता है। ऐसा माणिक्य पहनने से व्यक्ति की अचानक मृत्यु हो जाती है।

11. गड्ढा—जिस माणिक्य में गड्ढा या टूटा हुआ हो वह माणिक्य रोग वर्धक होता है।

12. शहदी—जिस माणिक्य का रंग शहद के रंग के समान हो या उस पर ऐसे छींटे हों तो वह माणिक्य भी त्याज्य होता है।

13. सर्करिल—जो माणिक्य बालू के कणों के समान किरकिरा हो वह माणिक्य अशुभ होता है।

14. परत—जिस माणिक्य में अभ्रक की परतें स्पष्ट दिखाई दें वह माणिक्य अशुभ दिनों को लाने वाला होता है।

15. एकाधिकी—जिस माणिक्य में एक से अधिक दोष हों वह माणिक्य सर्वथा त्याज्य है और वह निश्चय ही मृत्यु कारक माना गया है।

सर्वथा निर्दोष और बड़े आकर का माणिक्य प्रायः नहीं दिखाई देता। यदि ऐसा माणिक्य हाथ लग जाये तो उसकी जांच अवश्य करवा लेनी चाहिए।

फिलाडेल्फिया में "रत्न परीक्षा" नाम की एक संस्था है जिसके प्रधान मि० जी० गार्डन हैं। उन्होंने अपने अनुभव के अनुसार उपाय सुझाया कि यदि किसी माणिक्य को बर्फ के टुकड़े के ऊपर रख दें और अगर असली माणिक्य है तो वह बर्फ को स्पर्श करते ही आवाज़ करेगा, और यदि नकली माणिक्य है तो किसी प्रकार की आवाज नहीं करेगा।

माणिक्य व खरड़ में भेद—

1. जाति बन्द—यह उस माणिक्य को कहते हैं जिसके पानी में निर्मलता हो, चोंच जैसा हो, या गुलाब की पंखुड़ी जैसा हो।

2. नीमा—यह सम्बोधन उस माल को दिया जाता है जिसमें पीलापन हो, दोषपूर्ण हो, पानी मोटा हो।

3. नीमा जात बन्द—नीलापन हो, पानी कुछ मोटा हो और चिकनाई अधिक हो।

4. लेदी कलर या माणिक्य—यह माणिक्य का सर्वोत्तम रंग माना जाता है यह लाल कंधारी अनार के समान होता है।

सच्चे माणिक्य की पहचान—(1) यदि माणिक्य में दूधक है उस दूधक में नीलिमा है, और दूधक चलता हुआ नहीं है, तो वह इमीटेशन है। (2) बुलबुले दिखाई दें या रत्न हलका हो तो कांच या इमीटेशन समझना चाहिए। क्योंकि सच्चे माणिक्य में कभी ये लक्षण नहीं होते हैं। (3) सच्चे माणिक्य को आंख पर रखने में ठंडक महसूस होती है। यदि वह शीशा है तो शीघ्र ही गर्मी महसूस होगी। (4) सच्चे माणिक्य का आपेक्षिक गुरुत्व (वजन की दड़क) कृत्रिम से अधिक होती है। (5)

कांच व इमीटेशन में बिन्दु गोल होते हैं तथा वह बिन्दु श्वेत वर्ण, रूखे व कहीं-कहीं से पीले होते हैं। माणिक्य में उसी रंग के होते हैं। परन्तु वे गोल नहीं होते हैं। ऐसे बिन्दु असली रत्नों में कम पाये जाते हैं। यदि होते हैं तो सूक्ष्मता से परीक्षा करने पर अंतर मालूम हो जाता है। (6) यदि चीर है तो यह देखना आवश्यक है कि चीर शीशे की है, या माणिक्य की। यदि चीर शीशे की होगी तो चीर कांच की चीर के समान होगी और चीर के अन्दर चमक होगी, रत्न में स्वतः जो चीर होती है, वह शीशे की चीर से सर्वथा भिन्न होती है। उसमें चमक नहीं होती है। इस चीर में अस्वाभाविकता भी नहीं होती। तथा वह टेढ़ी-मेढ़ी होती है। उसमें सफाई नहीं होती और इमीटेशन में परत होती है। इमीटेशन में चीर सीधी पर साफ होती है। (7) माणिक्य और इमीटेशन में परत होती है। उनमें बहुत भेद होता है। माणिक्य की परत सीधी होती है। और इमीटेशन की अर्धवलयाकार होती है। यह एक बहुत महत्त्वपूर्ण अन्तर है। (8) इमीटेशन के नगीनों में भी रेशा और गूदड़ होता है। वह रूखा और सफेद होता है। माणिक्य का गूदड़ चिकना व रंगीन होता है। यदि इमीटेशन की खरड़ के पेंदे का भाग नग में आ जाता है तो उसमें सफेद-सफेद कण स्पष्ट दिखाई देते हैं।

संश्लिष्ट और इमीटेशन में अन्तर—जौहरियों की भाषा में संश्लिष्ट रत्न को 'चिदमें' कहते हैं। संश्लिष्ट में माणिक्य के समान दोष है। परन्तु दूधक में दूधियापन न होकर नीलापन होता है और घूमता हुआ नहीं होता। नील लोहितोतर रश्मियों (Ultra Violet Rays) पड़ने पर इमीटेशन और संश्लिष्ट दोनों नारंगी रंग के दिखाई देंगे और माइक्रोस्कोप के ऊपर दोनों में एक समान दोष दिखाई देंगे।

माणिक्य की मणि—माणिक्य की मणि को लालड़ी कहते हैं। जो व्यक्ति माणिक्य न पहन सके उसे लालड़ी पहननी चाहिए यह दस विभिन्न प्रकार के रंगों में होती है।

(1) मोतिया रंग की | (2) निर्मल लाल रंग की
(3) गेरुवा रंग की | (4) गुलाबी रंग की
(5) अनार दाने के रंग की | (6) सिंदूरी रंग की
(7) जमे हुए फूल के रंग की | (8) कनेर के फूल के रंग की
(9) गुलाब के रंग की | (10) कबूतर के रक्त के समान सुर्ख

परीक्षा—शुद्ध सूर्य मणि या लालड़ी की परीक्षा के लिए उसे साफ रूई पर रखकर दोपहर तक सूर्य के सामने करने से कुछ ही समय बाद रूई में आग लग जायेगी।

गुण—लालड़ी में निम्नलिखित गुण पाये जाते हैं।

(1) सर्वप्रथम इसका यह गुण है कि यह पारदर्शक होती है।

(2) यह चमकदार होती है।

(3) इसको दूध में डालने पर दूध का रंग हल्का गुलाबी हो जाता है।

(4) यह चित्ताकर्षक होती है।

(5) सामान्य रत्नों की अपेक्षा यह कुछ वज़नदार होती है।

(6) साफ पानी के गिलास में डालने पर इसमें से लाल किरणें-सी दिखाई देने लगती हैं।

(7) यह चिकनी होती है।

(8) यदि इसे हाथ में लेकर मुट्ठी बन्द कर दें तो कुछ समय बाद हाथ में गर्मी-सी अनुभव होने लगती है।

(9) सामान्यतया यह एक ही रंग की निर्दोष होती है।

प्रभाव—सूर्यमणि शीघ्र ही अपना प्रभाव डालने में समर्थ होती है। कुछ विद्वानों के अनुसार माणिक्य रत्न तभी पूर्ण प्रभाव देता है, जब उसके साथ लाल मणि पहनी जाये। इसके पहनने से धार्मिक विचार उत्पन्न होते हैं। घर के द्रारिद्र्य का नाश होता है। शरीर निर्मल और रोगरहित रहता है। तथा यह सूर्य बाधा को शान्त करने में समर्थ होती है।

दोष—उत्तम सूर्यमणि जहां व्यक्ति के लिए लाभदायक मानी गई है, वहीं दोषयुक्त लालड़ी पहनने से हानि की भी सम्भावना होती है। सूर्य मणि में निम्नलिखित दोष पाये जाते हैं।

1. जिस मणि में काले-काले छोटे धब्बे दिखाई दें वह मणि धन का नाश करने वाली होती है।

2. जिस मणि में गड्ढ़े दिखाई दें वह सन्तान-हानि करती है।

3. सफेद धब्बों से युक्त सूर्यमणि हानिकारक होती है।

4. शहद के समान आकृति वाली या रंग वाली लालड़ी अशुद्ध मानी जाती है। यह भाइयों के लिए हानिकारक होती है।

5. जिस मणि में खड़ी या आड़ी लकीरें दिखाई दें ऐसी मणि व्यक्ति को आत्मघात करने पर मजबूर करती है।

6. दो रंगों की लालड़ी घर में अशान्ति उत्पन्न करती है।

7. जिस मणि में छोटी-छोटी कई लकीरें हों वह गृहस्थ-सुख में बाधा उत्पन्न करती है।

8. जिस मणि में जाला हो वह भी अशुद्ध मानी जाती है।

9. जो मणि अपारदर्शी हो या उसके आर-पार नहीं देखा जा सके तो ऐसी मणि पहनने से व्यक्ति हृदय-रोग का शिकार होता है।

10. सफेद धब्बों तथा जो मणि धुएं के आकार की या अपारदर्शी हो, वह प्राणघातक होती है।

11. जिस मणि में हलके लाल छींटे दिखाई दें, वह लालड़ी अशुद्ध मानी जाती है।

अतः कोई मणि पहनने से पूर्व अच्छी तरह देख लेना चाहिए कि उस मणि में कहीं उपर्युक्त लिखे लक्षण तो नहीं हैं।

माणिक्य कौन पहने—माणिक्य मुख्यतः सूर्य रत्न है और सूर्य काल पुरुष की आत्मा कहा जाता है। यदि जन्म-कुण्डली में सूर्य शुभ भावों का अधिपति हो तो उसे सूर्य का रत्न माणिक्य धारण करना लाभदायक सिद्ध होगा।

1. यदि सूर्य तीसरे, छठे, ग्यारहवें भाव में हो तो माणिक्य पहनना शुभ देखा गया है।

2. अष्टम स्थान में यदि सूर्य हो या सूर्य अष्टमेश में हो तो माणिक्य धारण नहीं करना चाहिए।

3. यदि जन्म-कुण्डली में सूर्य लग्न में हो तो लग्न के प्रभाव को बढ़ाने के लिए माणिक्य पहनना अत्यंत आवश्यक है।

4. सप्तम भाव में सूर्य की स्थिति हो तो माणिक्य पहनना गृहस्थ सुख के लिए आवश्यक होता है।

5. जन्म-कुण्डली में अगर सूर्य पंचम भाव में या नवम भाव में हो तभी उसे माणिक्य धारण करना चाहिए।

रोगों पर माणिक का प्रभाव

1. प्राचीन समय में घाव होते ही उस पर माणिक्य को तीन-चार बार फेर देते थे जिससे घाव सड़ता नहीं था और "टिटेनस" होने का भय नहीं रहता था।

2. यदि खून के दस्त आ रहे हों तो नित्य माणिक्य के धोये हुए जल का सेवन करना चाहिए, जिससे कुछ ही दिनों में बीमारी से आराम मिल जायेगा।

3. रक्त संबंधी विकार होने पर यदि माणिक्य की भस्म का सेवन किया जाय तो आश्चर्यजनक लाभ होता है।

4. नपुंसकता में माणिक्य भस्म रामबाण औषधि है।

5. माणिक्य का अगर पीलिया-संबंधी रोग में प्रयोग किया जाय तो लाभदायक होगा।

6. संग्रहणी और अतिसार में भी माणिक्य श्रेष्ठ माना गया है।

7. यदि किसी व्यक्ति की स्मरण-शक्ति कमज़ोर हो तो माणिक्य की भोलिया लेने में उसे शीघ्र लाभ हो जायेगा।

8. अंगूठी में माणिक्य जड़ा हुआ हो और नित्य भोजन करने के बाद साफ पानी के गिलास में पांच बार यदि माणिक्य को घुमाकर उसका सेवन किया जाय तो कभी भी अजीर्ण या उदर-रोग नहीं हो सकते हैं।

9. रोगी के सिरहाने यदि माणिक्य रखा जाय तो उसकी रश्मियों से कीटाणु स्वयंमेव ही नष्ट हो जायेंगे।

10. क्षयरोग के रोगी को अगर माणिक्य की गोलियां दी जायं तो उसे अत्यन्त लाभ होगा।

11. यदि किसी को रक्त प्रवाह की अपूर्णता तथा लकवे की बीमारी है तो उसे माणिक्य की गोलियां देनी चाहिएं।

12. हर्निया तथा दुर्बलता वाले व्यक्ति को भी इसके उपयोग से लाभ होगा।

प्राचीन शास्त्रों की मान्यता के अनुसार पति या पत्नी माणिक्य धारण किये रहें और पति के हाथ में शुद्ध माणिक्य है तो पत्नी के दुश्चरित्र होते ही उसका रंग बदल जायेगा। कहते हैं कि अरागान की कैथेराइन को जब तलाक दिया जाने लगा तो उसकी अंगुली में जो माणिक्य पहना हुआ था उसका रंग स्वतः ही बदल गया।

एक प्रसिद्ध व्यापारी ने इस पर विशेष रूप से परीक्षण किया है। उसने हाथ की अंगुली में विशेष दीप्तिमान माणिक्य पहना हुआ था, वह तीन महीनों तक तारीख और समय नोट करता रहा, जब भी उसके माणिक्य का रंग बदला। तीन महीनों के बाद एक दिन मजाक में जब उसने अपनी पत्नी से यह कहा कि पिछले तीन

महीनों में इन-इन तारीखों को इतने बजे से इतने बजे तक तुम पर-पुरुष की बांहों में रहीं तो उसके चेहरे का रंग उड़ गया और उसने रोते-रोते अपने अपराध को स्वीकार कर लिया।

गृहस्थी में जब भी बाधाएं आती हैं अथवा पति या पत्नी में से कोई एक जब भी अपना विश्वास खो बैठता है तो उसके हाथों में माणिक्य का रंग फीका पड़ जाता है।

मानव की मृत्यु से तीन मास पूर्व उसके हाथ की अंगुली में माणिक्य का रंग फीका पड़ जाता है।

माणिक्य का प्रयोग—जब तक किसी रत्न संबंधित ग्रह की प्राण-प्रतिष्ठा नहीं होती तब तक वह रत्न उतना प्रभाव उत्पन्न करने में सक्षम नहीं होता है, जितना करना चाहिए। अतः जिस व्यक्ति को माणिक्य धारण करना हो उसे निम्न बातों का ध्यान रखना चाहिए तथा उनका सावधानीपूर्वक पालन करना चाहिए।

1. माणिक्य के साथ स्वर्ण धातु भी पूर्ण प्रभावशाली रहती है। इसके अलावा दूसरी किसी धातु का इसमें प्रयोग नहीं करना चाहिए।

2. किसी भी दिन योग्य ब्राह्मण से सूर्य प्रकोष्ठ बनवाकर उसमें अंगूठी रखें तथा सूर्य की पूजा करें। साथ ही निम्नलिखित सूर्य-मंत्र से अंगूठी का अभिषेक करना चाहिए।

आकृष्णे रजसा वर्तमानो निवेशयन्न मृते मर्त्यंच।
हिरण्येन सविता रथेन देवो याति भुवनानि पश्यन्॥

3. इसके पश्चात ब्राह्मण से "ओम् ह्री हंस" "सूर्याय नमः" मंत्र से अंगूठी का अभिषेक करना चाहिए।

4. रविवार को पुष्य नक्षत्र हो या रविवार के दिन कृत्तिका, उत्तराफाल्गुनी या उत्तराषाढ़ नक्षत्र हो तो उस दिन प्रातः सूर्योदय से दस बजे पूर्ण स्वर्ण की अंगूठी बनवायें और उसमें माणिक्य रत्न जड़वायें।

5. अंगूठी दायें हाथ की अनामिका अंगुली में पहिनें तो ज्यादा शुभ रहता है।

6. अंगूठी में माणिक्य इस प्रकार जड़ा जाये कि माणिक्य के नीचे का भाग अंगुली को स्पर्श करता रहे।

7. प्राण-प्रतिष्ठा विधि आगे परिशिष्ट में दी गई है। उस प्रकार से प्राण-प्रतिष्ठा कर लें।

इस प्रकार से धारण किया गया माणिक्य अत्यन्त लाभ एवं सिद्धिदाता होता है।

माणिक्य रत्न की दान-विधि—यदि सूर्य से प्रभावित व्यक्ति या सिंह लग्न वाले अथवा जिनकी कुण्डली में सूर्य बाधाकारक ग्रह हो उन्हें माणिक्य दान करना चाहिए। यदि किसी व्यक्ति की सन्तान जीवित न रहती हो अथवा गर्भपात होते हों, उसे भी विधिपूर्वक माणिक्य करना चाहिए।

गुड़, गेहूं, कमल, स्वर्ण-पत्र पर सूर्य अंकित की मूर्ति लाल वस्त्र तथा श्रेष्ठ माणिक्य लेकर संकल्प के साथ अपनी कामना-सिद्धि के लिए योग्य ब्राह्मण को दान कर देना चाहिए। तथा ब्राह्मण से सात हजार सूर्य मन्त्र का जप करवाकर विधिवत् दक्षिणा भी देनी चाहिए। यह दान रविवार को प्रातः दस बजे से पूर्व करना चाहिए जिससे कि वह अपनी बाधाओं को तथा अनिष्टों को दूर कर जीवन में सुख प्राप्त कर सके।

सूर्य-यन्त्र-पूजा एवं प्रयोग —पुत्र सन्तान के लिए अथवा सन्तान की उन्नति के लिए सूर्य-यन्त्र का प्रयोग किया जाता है।

सूर्य-यन्त्र को स्वर्ण-पत्र पर अंकित करें तथा उसके बीच में माणिक्य जुड़वायें, इस यन्त्र की षोडशोपचार पूजा करें तथा सूर्य-यन्त्र से अभिषेक दें। सत्ताइस दिनों तक इस प्रकार अभिषेक दिये हुए जल को चरणामृत के रूप में पति एवं पत्नी दोनों लें।

अठाईसवें दिन "ओम् हृदी हंसः सूर्याय नमः स्वाहा" मंत्र से ग्यारह सौ आहुतियां दें तथा पुत्रोन्नति-यज्ञ सम्पन्न करावें। पूर्णाहुति के बाद यह यन्त्र लाल वस्त्र के साथ दान कर दें।

यज्ञ के पश्चात् दूसरे ही दिन वही ब्राह्मण यज्ञ-स्थल पर सूर्य-मन्त्र का पाठ करे एवं यज्ञ भस्म का यजमान सेवन करे। इस प्रकार के प्रयोग से कई व्यक्तियों की इच्छा पूरी हुई है। यहां तक कि उन्हें वृद्धावस्था में भी श्रेष्ठ पुत्र रत्न की प्राप्ति हुई है।

अंगूठी में माणिक्य जुड़वाने के दिन से चार वर्ष बाद पुनः प्राण-प्रतिष्ठा करवा देनी चाहिए, जिससे वही माणिक्य पुनः आगे के लिए प्रभावशाली बना रहे।

रत्नों की उत्पत्ति, गुण, कटाई, रंगाई व तोल

रत्नों की उत्पत्ति भूगर्भ से होती है। जहां वे धीरे-धीरे बनते हैं या वे प्राप्त होते हैं अपने जन्म-स्थान से कहीं दूर। सबसे मूल्यवान रत्न वे होते हैं जो उन चट्टानों के भाग होते हैं जहां वे जन्म पाते हैं। अपने जन्म-स्थान से दूर पाये जाने वाले रत्न वे होते हैं जो गर्मी, सर्दी व वर्षा के मौसम में मूल चट्टानों से कहीं दूर चले जाते हैं तथा नदियों के किनारे कंकड़ों में पाये जाते हैं। वे बहते-बहते रगड़ खाने से आकार में गोल व अण्डाकार हो जाते हैं। उनकी सतह चिकनी हो जाती है, व खुरदुरापन निरन्तर रगड़ से मिट जाता है। इनमें से कुछ पत्थर वैसे होते हैं जो कड़ी चट्टानों के अंग बने होते हैं। जो कभी-कभी चट्टानों में जड़े नहीं होते हैं। बल्कि उनकी दरारों या छेदों में चिपके होते हैं। ये पत्थर भी अपना एक निश्चित आकार बना लेते हैं और मणिम (Crystal) के रूप के हो जाते हैं।

मणिम तथा रत्नीय पत्थर में अन्तर—मणिम तथा रत्नीय पत्थर में अन्तर जानना भी हमारे लिए महत्त्वपूर्ण है।

रत्नीय पत्थर तो वह है जो चट्टानों से जुड़ा होता है और पृथक् होने पर उसका कोई निश्चित आकार नहीं होता है। मणिम (Crystal) वह रत्नीय पत्थर है जो एक निश्चित आकार धारण किये हुए ठोस पदार्थ है। जिसकी सतह चारों ओर से चिकनी होती है, जिसका अंतरंग एक निश्चित ढांचा बन जाता है। उसका बाहरी रूप भी आन्तरिक बनावट की आकृति जैसा होता है। इसी से हमको दोनों में अन्तर मालूम हो जाता है। जब कि प्रकृत मणिम उसी आकर के धीरे-धीरे, छोटे मणिम कणों के निरन्तर जुड़ने से बनकर बड़ा होता है। कृत्रिम कांच का इस प्रकार नहीं होता है। मणिम का प्रकृत आकर बहुत महत्त्व का होता है। इसलिए मणियों को छः प्रकार की श्रेणियों में विभाजित किया जाता है।

रत्नों के आकार—अधिकतर रत्न रवे के रूप में मिलते हैं। रवे उस प्राकृतिक ठोस पदार्थ को कहते हैं जिसका कि एक नियत आकार होता है। जिसकी सतह समतल और चिकनी होती है और जिसकी बनावट की एक निश्चित रूप-रेखा होती है। प्राकृतिक तथा कृत्रिम खनिज में एक बड़ा भारी अन्तर यह होता है कि कृत्रिम खनिज की कोई स्पष्ट रूप-रेखा नहीं होती है जबकि प्राकृतिक खनिज में उसके रवे एक निश्चित परिमाण में होते हैं।

1. विषम लम्बाक्ष—इस प्रकार का रत्न चौड़ाई की अपेक्षा लम्बा ज्यादा होता है। पल्लीडोट आदि रत्न इसी प्रकार के माने गए हैं।

2. एकनताक्ष्य—चन्द्रकान्त मणि, इसपोडियोमि आदि रत्न इसी वर्ग में गिने जाते हैं।

3. घनीय—अर्थात् जिसकी लम्बाई, चौड़ाई तथा ऊंचाई आयाम एक समान हो।

4. चतुष्कोणीय—ये अधिकतर त्रिभुजाकार होते हैं। गोमेद इसका उदाहरण है।

5. गिनताक्ष्य—मणि वर्ग आदि इसी श्रेणी में आते हैं।

6. षट्कोणीय—इसके छः कोण होते हैं। हरित, नील मणि, कुरंदम आदि इसके उदाहरण हैं।

यह पढ़कर आश्चर्य ही होगा कि जो रत्नीय पत्थर मणियों के रूप में प्राप्त होते हैं वे संसार के किसी भाग में पाये जायें उनके आकार में कोई किसी प्रकार की भिन्नता नहीं आएगी। पन्ने सदा षड्भुजीय आकार के मिलेंगे चाहे वे भारत में प्राप्त हों या अमेरिका में या मिश्र में।

प्रायः कुछ जातियों के रत्नीय पत्थर एक साथ ही पाए जाते हैं, जैसे—माणिक्य प्रायः लालड़ी (Spinel) के साथ ही मिलते हैं। तथा हीरे तामेड़ (Garnet) के साथ पाए जाते हैं। यदि कहीं माणिक्य प्राप्त हो जाता है तो वहां पर स्पाइनल (लालड़ी) को भी ढूंढ़ना चाहिए। यह तो प्रकृति की विलक्षणता ही समझी जाएगी कि इन रत्नीय पत्थरों का रासायनिक संघटन (Chemical Composition) एक-सा नहीं होता है।

रत्नीय पत्थरों का रासायनिक संघटन

यदि सब रत्नीय पत्थरों का रासायनिक विश्लेषण या परीक्षण किया जाय तो हम यही पायेंगे कि निम्नलिखित तत्त्व उनमें महत्त्वपूर्ण योग अदा करते हैं।

(a) सिलिकॉन (b) अल्मूनियम (c) लोहा
(d) कार्बन (e) तांबा (f) ऑक्सीजन
(g) हाइड्रोजन (h) कैल्शियम (i) सोडियम
(j) मॅगनीशियम (k) बेरीलियम (l) जिरकोनियम

और अन्त में फास्फोरस आदि।

हीरे को छोड़कर, जो बिलकुल शुद्ध कार्बन है अन्य रत्नीय पत्थर उपयुक्त दो या दो से अधिक तत्त्वों का समिश्रण होते हैं। जैसे उदाहरण के लिए स्फटिक (Rock Crystal) को ही लीजिए। वह सिलीकॉन का ऑक्साइड है। और उसमें एक निश्चित अनुपात में ऑक्सीजन और सिलीकॉन मिले हुए हैं। रत्नीय पत्थर में रंग और रासायनिक संघटन में कोई सम्बन्ध नहीं है। रंग का कारण होता है उस रत्नीय पत्थर में किसी 'ऑरगेनिक' या 'इनऑरगेनिक' (Organic or Inorganic) पदार्थ का प्रभाव।

कठोरता और चिराव (Hardness and Cleavage)

आभूषणों आदि में जिन रत्नों का उपयोग होता है वे यदि कठोर न हों तो उनमें टिकाऊपन न होगा। कठोरता का मतलब है रत्न की न टूटने या चिटकने की क्षमता। एक रत्न से दूसरे रत्न को खरोंच कर उनकी आपसी कठोरता का अनुपात लगाया जा सकता है। जो रत्न दूसरे रत्न पर खरोंच डाल देगा वह उससे कठोर माना जाएगा।

विभिन्न रत्नों के पत्थरों को एक-दूसरे के मुकाबले में 'मोह के स्केल' (Moh's Scale of Hardness) के अनुसार जो कठोरता का क्रम आंका गया है वह नीचे की सारणी में दिया गया है।

(a) टाल्क या घीया मीठा
(b) जिप्सम या खड्डी
(c) कैलसाइट
(d) फ्लोर स्पार
(e) एपाटाइट
(f) फैलस्पार
(g) क्वार्टज (Quartz)—इसमें स्फटिक जाति के रत्नीय पत्थर आते हैं।
(h) पुखराज
(i) कुरन्दम जाति के रत्नीय पत्थर जैसे माणिक्य नीलम आदि।
(j) हीरा।

हमें जिस रत्नीय पत्थर की कठोरता मालूम करनी है उसे मोह-माप श्रेणी के किसी खनिज से खरोंच कर देखना चाहिए। यदि परीक्षा किए जाने वाला खनिज उपर्युक्त माप श्रेणी के उस खनिज पर खरोंच डाल दे तो वह उससे अधिक कठोर होगा। परन्तु यह स्पष्ट कर लेना चाहिए कि इस माप योजना का परिणाम-सम्बन्धी कोई महत्त्व नहीं है। यद्यपि हीरा क्रम संख्या J यानि 10 पर है और एपेटाइट क्रम में E यानि 5 पर है। परन्तु हीरे और माणिक्य की कठोरता में जितना अधिक अन्तर है उतना माणिक्य और टाल्क में नहीं है।

रेती से अगर स्फटिक या उससे अधिक कठोर रत्नीय पत्थर पर रगड़ा जाय तो उस पर कोई प्रभाव नहीं पड़ेगा परन्तु यदि कांच पर रगड़ा जाय तो उसमें आसानी से खरोंच पड़ जायेगी। जिस तरह जिप्सम की कठोरता इतनी कम होती है कि उसे नाखून से भी खरोंचा जा सकता है।

किसी खान के एक ही जाति के दो विभिन्न खानों के रत्नीय पत्थरों की कठोरत में विभिन्नता होगी।

चिराव—चिराव का अर्थ है रत्नीय पत्थर का किस अंश या भाग-विशेष से सरलता से टूट जाने या काटे जाने की क्षमता जिसके परिणामस्वरूप उनकी विभक्त सतहें चिकनी रहें। रत्नीय पत्थरों में आवश्यकता का पर्याप्त महत्त्व माना

जाता है। इसके बिना उसकी कटाई आदि सरलता और सफाई से नहीं हो सकती, हीरों में विशेषकर उसकी कठोरता के बावजूद भाजकता बहुत अच्छी पाई जाती है।

आपेक्षिक गुरुत्व (Specific Gravity) —आपेक्षिक गुरुत्व का अर्थ है किसी पदार्थ का चार डिग्री सेण्टीग्रेड के तापमान के शुद्ध पानी के मुकाबिले की तोल। ठोस पदार्थ की तुलना एक सी० सी० (1.C.C.) पानी से की जाती है। जिसकी तोल एक ग्राम होती है। इस अनुपात से 1.C.C. कारनीलियन की तोल 2.66 ग्राम होगी। अतः इसका आपेक्षिक घनत्व 2.66 ग्राम माना जाएगा।

रत्नीय पत्थरों के आपेक्षिक गुरुत्व को मालूम करने के लिए तरीके हैं। छोटे पत्थरों के लिए एक सरल तरीका यह है कि उनको एक जाने हुए आपेक्षिक गुरुत्व के तरल पदार्थ में डुबो दिया जाए। यदि पत्थर सतह पर तैरने लगता है तो उसका आपेक्षित गुरुत्व तरल पदार्थ के गुरुत्व से कम होगा। यदि वह डूब जाता है तो उसका आपेक्षिक गुरुत्व तरल पदार्थ से अधिक होगा।

ताप चालकता—रत्नों के दो प्रकार होते हैं। एक तो वह रत्न होता है जो ताप का सुचालक होता है और उसे स्पर्श करने पर वे ठण्डे मालूम होते हैं। और दूसरे प्रकार के वे रत्न होते हैं जो ताप के कुचालक होते हैं। उसे छूने पर वे गर्म मालूम होते हैं। हीरा सुचालक है जबकि मूंगा, पुखराज आदि ताप के कुचालक हैं।

विद्युत गुण—अधिकतर रत्नों में विद्युत गुण पाए जाते हैं। अर्थात् वे विद्युत उत्पन्न करने में समर्थ हैं हीरा, शोभामणि, पुखराज या गणमणि को कपड़े या रोयेंदार चमड़े से ज़ोरों से रगड़ें तो उनमें से विद्युतकण निकलते प्रतीत होंगे। यदि हम हीरे को रुई के साथ रखकर घर्षण करें तो कुछ ही क्षणों बाद रुई जल जाएगी और हम ताप भी प्राप्त कर सकेंगे।

रत्नों में विद्युत गुण तीन प्रकार के होते हैं।

(a) **घर्षण विद्युत**—जिनको हाथ में लेकर किसी कपड़े से घर्षण करने पर विद्युत प्राप्त होगी।

(b) **ताप विद्युत**—इस प्रकार के रत्नों को अधिक गर्म करने पर वे विद्युतमय हो जाते हैं। शोभामणि, स्फटिक आदि इसी प्रकार के रत्न हैं।

(c) **दाब विद्युत**—कुछ रत्न ऐसे होते हैं जिन्हें दबाने से या उन पर दाब देने से विद्युत पैदा होती है। इस प्रकार के रत्नों के दो किनारों में से एक किनारा धनात्मक और दूसरा ऋणात्मक होता है।

रत्नीय पत्थरों के प्रकाशीय गुण

ये गुण अत्यन्त महत्त्वपूर्ण हैं क्योंकि इन्हीं के द्वारा विभिन्न पत्थरों की विशेष जांच होती है। इस सम्बन्ध में प्रकाश (light) का वैज्ञानिक ज्ञान अत्यन्त आवश्यक है। रत्नीय पत्थरों की संरचना चूंकि मणिम (Crystal formation) होती है। अतः उन पर प्रकाश का बहुत प्रभाव पड़ता है। और इसीलिए उनके प्रकाशीय गुणों का अधिक महत्त्व है।

कुछ लोगों की धारणा है कि रत्नीय पत्थर के रंग से उसकी जांच कर लेना ही काफी है। परन्तु यह बात विचित्र होने के साथ सत्य भी है कि इस सम्बन्ध में जितना अधिक अनुभव हो उतनी यह जांच गलत निकलती है। सफेद प्रकाश में विभिन्न अनुपातों में सात रंग होते हैं। लाल, पीला, हरा, नीला, नारंगी, आसमानी (Indigo) और बैंगनी। ये सातों रंग 'प्रिज्म' (Prism) द्वारा सफेद रंग का अक्स डालने पर पृथक्-पृथक् स्पष्ट दिखाई दे जाते हैं। जब सफेद प्रकाश किसी रत्नीय पत्थर के सम्पर्क में आता है तो कुछ प्रकाश तो उसकी सतह में समा जाता है। और कुछ पत्थर को पार कर जाता है। इसी क्रिया पर रत्नीय पत्थर का वास्तविक रंग आधारित होता है। इन सात रंगों में कुछ रंग तो रत्नीय पत्थर अच्छी तरह सोख लेते हैं और कुछ रंगों की सोखने की क्रिया सीमित होती है। कुछ खनिज केवल कुछ ही रंगों को सोख पाते हैं। अतः उनसे पार (Transmit) होने से रंगों में विषमता आ जाती है। ऐसा भी होता है कि एक ही पत्थर में रंग सोखने की क्रिया में विभिन्नता हो। यही कारण है कि कुछ पत्थर ऐसे होते हैं कि उनको अलग-अलग किनारों या कोणों से देखें तो उनमें भिन्न-भिन्न प्रकार के रंग दिखाई देते हैं। यह बात तुरनली में विशेष रूप से पाई जाती है। यह गुण रत्नीय पत्थर की परमाणु सम्बन्धी बनावट पर निर्भर करता है।

प्रकाश की किरणें जब रत्नीय पत्थर जैसे माध्यम पर पड़ती हैं तो वह परावर्तित (Refracted) हो जाती हैं अर्थात् अपने सामान्य (सीधी रेखा में विद्यमान) पथ से मुड़ जाती हैं। और यह मुड़ी हुई किरण सामान्य पथ से एक क़ोण-सा बनाती है जो एक जाति के प्रत्येक पत्थर में सदा एक-सा स्थिर रहता है।

कुछ रत्नीय पत्थरों में से, जैसे तुरमली में से विभिन्न कोणों से देखने पर एक से अधिक रंग दिखाई देते हैं। इस गुण को द्विवर्णित (Dichroscope) कहते हैं।

रत्नीय पत्थर द्वारा सफेद प्रकाश को तोड़ने तथा उस क्रिया द्वारा एक दृश्य वर्णपट (Visible Spectrum) की सृष्टि करने को प्रकाश का छितराव (Disipersion) कहते हैं। इस क्षमता से उसकी दमक (Fire) का निश्चय किया जाता है। यह दमक बड़ी स्पष्टता से हीरे, स्फीन (Sphene) और जिरकान में कटाई के पश्चात दिखाई देती है।

कुछ रत्नों पर रंगों का मनोरंजक करिश्मा दिखाई देता है और कुछ पर रंग दीप्तता और तारों की छटक-सी। इसका कारण उनकी विलक्षण आन्तरिक बनावट है जिससे प्रकाश के फैलाव में बाधा पड़ती है। इनका विस्तृत विवरण हम उपयुक्त स्थानों पर देंगे।

रत्नों की कटाई, रंगाई तथा उनकी तौल

जो चमक-दमक वाले मोहक रत्न हम आभूषणों में जड़े देखते हैं, भौतिक रूप से वे बिलकुल भिन्न होते हैं। ऐसा आकर्षक रूप उनकी सुन्दर कटाई और पॉलिश से चमकाने के बाद ही प्राप्त होता है। उनका प्रकृत आकार अनियमित और बेडौल

होता है। कभी वे कंकड़ों के रूप में प्राप्त होते हैं। और कभी टूटे हुए मणियों या पत्थरों के टुकड़ों के रूप में। समय और मौसम आकार को तथा बाह्य रूप को अनोखा बना देता है। इनकी सुंदरता और आन्तरिक निखार तभी देखने को मिलता है जब उनकी कटाई और पॉलिश हो जाए। इस काम में दक्षता बहुत जरूरी होती है। जो खनिज अत्यन्त दोषी हो जाते हैं उनको रत्नों के रूप में परिणित किया जाता। कटाई में रत्नीय पत्थर की कठोरता और चिराव (Cleavage) पर पूर्ण रूप से ध्यान दिया जाता है और इस दिशा में अनुभव और प्रवीणता के विकास से रत्नीय पत्थरों की कटाई विभिन्न आकारों और अनुपातों में होने लगी है।

हालांकि भारत में इनकी कटाई अच्छी होती है परन्तु सबसे बढ़िया कटाई हालैण्ड, जर्मनी, बैल्जियम और फ्रांस में होती है। जेड की सबसे बढ़िया कटाई चीन की मानी जाती है। एण्टवर्य और ऐमस्टरडम हीरे की कटाई के मुख्य क्षेत्र हैं। भारत में भी जयपुर व बम्बई में हीरे की कटाई होती है। इसके अलावा मूल्यवान और अल्पमोली रत्नीय पत्थरों की कटाई के लिए जर्मनी में ईडर और स्टीन नामक स्थान हैं। यहां पर इन पत्थरों की रंगाई भी होती है और संश्लिष्ट रत्न भी तैयार किए जाते हैं। लन्दन में भी कटाई का काम होता है। परन्तु यह काम उत्तम जाति के रत्नीय पत्थरों तक सीमित है। भारत में इस दिशा में दिन-प्रतिदिन उन्नति हो रही है। और ऐसी आशा की जाती है कि कुछ दिनों में हमारा देश इस क्षेत्र में एक विशिष्ट स्थान प्राप्त कर लेगा।

दूसरे विश्व-युद्ध के बाद बेल्जियम और हालैण्ड के बहुत से कारीगर फ्रांस और इंग्लैण्ड आ गए। कुछ संयुक्त राष्ट्र अमेरिका, दक्षिण अमेरिका और फैलस्टाइन चले गए। फैलस्टाइन में इस उद्योग की काफी प्रगति हुई है।

इंग्लैण्ड में भी कटाई के संस्थानों की संख्या काफी है और सारे देश में फैल गई है। परन्तु ये उद्योग ज़्यादातर हीरा-कटाई में लगे हुए हैं। अमेरिका में न्यूयार्क और अन्य नगरों में यूरोप से बहुत कारीगर आए हुए हैं। हालैण्ड, फ्रान्स, जर्मनी तथा बेल्जियम में भी काफी संस्थाएं हैं।

रत्नीय पत्थरों के काट कई प्रकार के होते हैं। यहां पर हम कुछ विशेष काटों का उल्लेख करेंगे।

1. कैबीकोन काट—रत्नों की कला के प्रचलन और विकास के पूर्व प्रकृत रत्नीय पत्थर, जिन्हें 'खरड़' कहा जाता है, साधारण तौर पर गोल किए जाते हैं तथा वे घिसकर बनाए जाते हैं। अधिकतर रत्नों में छेद करके उनको माला के रूप में पिरोकर काम में लिया जाता था। केबीकोन काट दुहरा या उन्नतोदर केबीकोन काट, मसूराकर काट, उच्च काट, सरल या सादी के एवं खोखला या नतरोदय उन्नतोदर होता है। केबीकोन काट वाले रत्न की बर्हि रेखा वृत्ताकार, दीर्घ वृतीय या अंडाकार (Oval) हो सकती है। दुहरे केबीकोन काट में रत्न के ऊपरी तथा नीचे की सतह दोनों उन्नतोदर होती है। यदि दोनों की वक्रता एक जैसी हो तो वह मसूराकार काट कहलाता है। उच्च केबीकोन आकार में रत्नीय पत्थर को काटने

पर उसका ऊपरी भाग बहुत ऊंचा हो जाता है। सादी काट के नीचे की सतह खोखली बना देने के कारण वह नतोदर हो जाती है। उसमें ऊपर का भाग उन्नतोदर रहता है।

चन्द्रकान्तमणि, ओपल, लहसुनिया प्रायः केबीकोन काट में देखे जाते हैं। गार्नेट रत्नीय पत्थर खोखली काट में काटे जाते हैं। उससे उनके रंग में निखार आ जाता है। तुरमली, फीरोजा भी प्रायः इस प्रकार की काट में देखे जाते हैं।

2. पटल काट—इस काट में रत्नीय पत्थर के (विशेषकर हीरे) स्वाभाविक अष्टानीक के ऊपरी तथा नीचे के सिरों को चिकना बनाकर चमका दिया जाता है। ऊपर का अनीक पटल कहलाता है और वह नीचे के अनीक क्यूलेट से कहीं अधिक चौड़ा होता है।

3. स्टेप काट—यह काट प्रायः पन्ने और पुखराज के लिए की जाती है। ऊपर और नीचे की बघियां (Facets) आड़ी (Horizontal) और समानान्तर होती हैं। वे किस अनुपात में हो इसके लिए कोई निश्चित नियम नहीं है।

4. गुलाबी काट—इस कटाई के तरीके को केवल बहुत छोटे हीरों के लिए काम में लाया जाता है। आकार सादा केबीकोन होता है परन्तु वक्र सतह पर बघियां (Facets) होती हैं। अधिकतर 24 बघियां होती हैं। यह काट उन छोटे-छोटे नगीनों के लिए उपयुक्त है जो किसी बड़े नगीने के चारों ओर जड़े जाते हैं।

5. मिश्रत काट—इस काट-पद्धति में नगीने के ऊपर का भाग ज्वलन्त काट होता है और नीचे का भाग दूसरी काट का। एमीथिस्ट (कटैला) अधिकतर इसी पद्धति के अनुसार काटे जाते हैं।

6. ज्वलन्त काट (Brilliant Cut) —ज्वलन्त काट हीरे के लिए इतनी अधिक प्रचलित है कि इस रत्न को ही 'ज्वलन्त' या (Brilliant) कहा जाने लगा है। इस काट को 'कंवल काट' भी कहते हैं। यह काट कृत्रिम नगीनों के लिए भी उपयुक्त मानी जाती है। इसमें कुल 58 बघियां होती हैं। 33 बघियां (Facets) रुख की ओर होती हैं और 25 चोटी की ओर होती हैं। इन बघियों के मध्य में एक निश्चित अनुपात होना आवश्यक है। रुख की ओर की बघियों और किनारों के बीच का कोण 35 से 37 अंश का होना चाहिए। इसी तरह की चोटी की ओर की बघियों और किनारे से मध्य का कोण 40 अंश का होना चाहिए। एक अच्छे बने हुए नगीने में रुख की ऊंचाई कुल ऊंचाई से 1/3 होनी चाहिए और ठीक टाल की चौड़ाई नगीने की कुल चौड़ाई के 4/9 भाग से अधिक नहीं होनी चाहिए।

7. पटल काट—इस काट में रत्नीय पत्थर के (विशेषकर हीरे) स्वाभाविक अष्टानीक के ऊपरी तथा नीचे के सिरों को चिकना बनाकर चमका दिया जाता है। ऊपर का अनिक पटल कहलाता है और वह नीचे के अनिक क्यूलेट से कहीं अधिक चौड़ा होता है।

इन काटों के अतिरिक्त कुछ मुख्य काट और भी होते हैं। वे निम्नलिखित हैं।

(a) कुंजी पत्थर, (b) पतंग (c) समआयत, (d) ट्रेपीज (e) त्रिकोण (f) बेगेट

काट (g) सिरेकटे त्रिकोण (h) इपौलेट काट (i) अर्द्धचन्द्र (j) टिकिया (k) नेवेट (l) पेटेगन आदि है।

जाल या गद्दा काट (Cushion cut)

पन्ने या टूर्मेलिन की तरह के रत्नों को जाल काट या गद्दा काट (Cushion cut) के रूप में बनाया जाता है। इस तरह के पत्थर को कुछ चपटा काटा जाता है और इसमें अनिस्कों को एक या अधिक पंक्ति मेखला (Girdle) के समानान्तर रखी जाती है। इससे मिलता जुलता पटल काट है। जिसमें पटल बहुत बड़ा होता है और वह मेखला से प्रवणित सिरों से मिलता है। कभी-कभी रत्न का ऊपरी भाग का काट उसके पृष्ठ भाग के काट से भिन्न होता है।

नग बनाना—प्राचीन युग में रत्नों की सफाई करके सुन्दर नग बनाने की प्रक्रिया इतनी प्रशस्त नहीं थी जितनी आज है।

प्राचीन प्रक्रिया यह थी कि जिस पत्थर का नग तैयार किया जाता था, उससे कठोर पत्थर का चूर्ण बनाकर तथा चपड़ी में मिलाकर साण बनाई जाती थी। उसी पर घिस कर नग तैयार किया जाता था। अतः व्यवस्थित त्रिकोण नहीं बनते थे।

यद्यपि हीरा सभी रत्नों में बहुत सख्त है तथा उसके साथ टिकाऊ तथा कीमती भी है तथापि उस युग में साधनाभाव के कारण इसके बढ़िया धार के बनाने की प्रक्रिया नहीं थी। अतः इसे प्रधानता नहीं मिल पाई, अपितु मोती और मूंगा ही प्रधान माने गये।

आधुनिक प्रक्रिया—खान से निकलने के बाद जो माल बाजार में आता है उसे खरड़ कहते हैं। खरड़ को पहले नींबू और सोडे में भिगोकर साफ कर लेना चाहिए। और उसके पश्चात् उसके साथ कोई विजातीय पदार्थ चिपके हुए हों तो उन्हें पृथक् कर देना चाहिए। नई खरड़ को दो या तीन घण्टे भिगोना ही पर्याप्त होगा। यदि खरड़ पुरानी पड़ी हुई हो तो उसे 12 से 24 घंटे तक भिगोना पड़ेगा। फिर उसे पानी से धोकर साफ करके सुखा लेना चाहिए, तत्पश्चात उसमें तिल्ली का तेल देना चाहिए जिससे उसमें चिकनापन आ जाये। तेल लगाने से टुकड़ी के भीतर की स्थिति का ज्ञान हो जाता है। फिर उसे चौकी पर फैलाकर रंग पानी के हिसाब से छांट लें व हलके और गहरे रंग व पानी के अनुपात से भिन्न-भिन्न राशियों में विभक्त कर लेवें। इन राशियों की एक-एक टुकड़ी देखकर यह भी विभाजन कर लेना चाहिए जिससे इनमें से किस चीज का क्या-क्या माल बनवाना है, यह सरलता से छांट सकेंगे।

उसके बाद टुकड़ियों के ऐब आदि देखकर निकालना चाहिए। ऐब पृथक् करने के लिए पूर्व काल में सरौता कटिंग के काम में लिया जाता था। परन्तु आजकल अधिक सुविधाएं उपलब्ध होने के कारण कटाई प्लास से की जाने लगी है। परन्तु प्लास को प्रयोग में लाते समय चीर या कमजोर भागों पर सावधानी रखनी चाहिए। जिस समय चीर या कमजोर भागों को काटें प्लास धीरे चलना चाहिए।

जोर देकर प्लास चलाने से खरड़ में चीरें पड़कर खराब हो जाने का भय रहता है।

प्राचीन काल में धनुष के आकार के बांस पर तार बांधकर कुरंड के चूर्ण द्वारा कटाई की जाती थी परन्तु आधुनिक काल में पहिये के द्वारा कटाई की जाती है। सुन्दर कटाई वह समझी जाती है जिसमें चांती के द्वारा धार न पड़े, और चांती के द्वारा काटते समय यह सावधानी रखनी चाहिए कि उसका घाट (Shape) बनाने में रुख सही तौर पर आ जावें। कटाई में लगाने का मसाला मुर्दा सींगी, मुलतानी और कुरंड मिलाकर तैयार किया जाता है।

प्राचीन समय में खरड़, जैसी भी सामने आती थी उसका वैसा ही माल बना दिया जाता था। परन्तु आजकल जो नगीने तैयार किए जाते हैं वे मांग के अनुसार बनाये जाते हैं।

इसके बाद उस माल को कारीगरों को दे दिया जाता है।

कारीगर इन्हें जिस साण पर घिसकर बनाते हैं यह साण कुरंड और चपड़ी की बनाई जाती है। आजकल साण में विलायती पाउडर भी मिलाते हैं। यद्यपि इससे घिसाई शीघ्र हो जाती है। किन्तु लोच वैसा नहीं रहता। मुलायम जाति के पत्थर तो कुरंड की साण से आसानी से घिस जाते हैं किन्तु माणिक, नीलम आदि कठोर पत्थरों को घिसने के लिए साण को नीले का चूर्ण मिलाकर खूब तीक्ष्ण कर लिया जाता है। जिससे कठोर पत्थर की खरड़ भी आसानी से शीघ्र घिस जाये और अच्छे घाट के नग बन जायें। इस पद्धति से खरड़ बनाने में नगों में लोच व चमक ठीक रहती है और तोल भी कम नहीं होता है।

रत्नों में कृत्रिम रूप से रंग भरना—रत्नीय पत्थरों में कृत्रिम रूप से रंग भरने की क्रिया उनमें मौलिक रूप को अधिक आकर्षक बनाने के लिए काम में लाई जाती है। उनके रूप-लावण्य में वृद्धि से उनका मूल्य भी बढ़ जाता है। यह विधि नई नहीं है। प्लिनी के लेखों के अनुसार प्राचीन काल में जौहरी इस विधि की पूर्ण रूप से भिन्नता रखते थे। उनकी अपनाई हुई विधि अब प्रचलित नहीं है और अन्य में सुधार हो गया है।

सभी सछिद्र रत्नीय पत्थरों (Porous Stones) में बड़ी सफलता से रंग भरा जाता है। परन्तु वह रंग स्थाई नहीं होता। इस प्रक्रिया में पर्याप्त समय लगता है और बहुत सावधानी की आवश्यकता होती है जिससे रत्न भद्दे न हो जायें। इसमें रत्नों को गरम किया जाता है और तापमान उपयुक्त मान से अधिक न हो जाये इस बात का ध्यान रखना बहुत जरूरी है। यदि रंगाई का काम किसी मिश्रित सरल रसायन में किया जाये तो इस बात पर ध्यान रखना आवश्यक है कि रत्नीय पत्थर तरल पदार्थ में उपयुक्त समय से अधिक उसमें न पड़ा रहे। इस प्रक्रिया के लिए समय की अवधि विभिन्न पत्थरों के लिए पृथक्-पृथक् होती है।

कम मूल्यों वाले रत्नीय पत्थरों 'कालसेडोनी' (Chalcedony) जो स्फटिक जाति का एक अल्पमोली पत्थर है, बिना कृत्रिम रंगाई के बाजार में नहीं आता, उसमें चमकते नीले रंग की रंगाई होती है। और जिनमें लाल रंग भरा जाता है वे बाजार में 'रोजालीन' के नाम से बिकते हैं। दोनों रंग शीघ्र ही हलके पड़ जाते हैं

और पत्थर पर इधर-उधर धब्बे दिखाई देने लगते हैं। उनकी रंगाई कटाई बाद में होती है। हकीक (Agatc) जाति के रत्नीय पत्थरों से केवल ताप देने से ही रंग उभर आता है। चमकते लाल रंग के कारनीलियम कृत्रिम ताप द्वारा ऐसा रंगीय निखार पाते हैं। भारत में प्राप्त होने वाले इस वर्ग के रत्नों का प्राकृतिक रंग भी अच्छा होता है। उनकी रंगाई की आवश्यकता नहीं होती है। ताप देने से पूर्व लाल पत्थरों के अन्दर में आइरन विटरियल (Ironvitrol) का घोल (Solution) पहुंचाया जाता है। हरे और नीले रंग के हकीक अपनी प्रकृत अवस्था में इतने सुन्दर नहीं होते हैं। उनमें सुन्दर नीलारंग उनको पहले फेरिक ऑक्साइड (Ferric oxide) के और फिर पोटैशियम फेरासाइनाइड (Potassium Ferrocynide) के घोल में डालने से प्राप्त होता है। उनमें आकर्षक हरा रंग निकिल साल्ट (Nickel Salt) या क्रोमिक एसिड (Cromic Acid) के घोल में डालने तथा ताप देने से प्राप्त होता है। उनमें पीला रंग हाइड्रोक्लोरिक (Hydrochloric Acid) में लगभग पन्द्रह दिन तक हलकी गरमाहट देने से प्राप्त होता है।

कभी-कभी ऐसा भी होता है कि कुछ हकीक पत्थरों में छिद्र रहित (Nonporous) अंश होते हैं। इन अंशों में कृत्रिम रंग नहीं चढ़ पाता। इसका परिणाम यह होता है कि ऐसे पत्थरों में रंग के साथ कुछ सफेद अंश रह जाते हैं। हकीक पत्थरों पर चढ़ाये रंग अधिकतर स्थायी होते हैं।

इसी प्रकार ओनिक्स (Onyx) में सफेद और काली धारियां ताप और रासायनिक प्रभाव से निखर आती हैं। जैस्पर नाम के रत्नीय पत्थर को प्रायः नीले रंग में रंगा जाता है और बाद में वह बाजार में आता है। तथा स्विसलेपिस (Swiss lapis) या जर्मन लेपिस (German Lapis) के नाम से बिक्री होता है। उसमें अच्छा नीला रंग लाने के लिए अनेक विधियां हैं। परन्तु कोई भी विधि स्थाई रंग नहीं दे सकती और न ही इसका रंग वास्तविक लेपिस लेजूसी (लार्ज वर्त्त) का मुकाबला कर सकता है। फीरोजे को भी कृत्रिम रंग दिया जाता है। परन्तु वह स्थायी नहीं होता है।

पुराने किस्म के अम्बर की मांग के कारण नये प्राप्त रत्नीय पत्थरों को रंगा जाता है। अच्छे कटे हुए टुकड़ों को तेल मिले रंग में डुबोया जाता है और उस को थोड़ा-सा ताप पहुंचाया जाता है। फिर टुकड़ों को सुखा लिया जाता है। क्योंकि अम्बर अत्यधिक भंगुर (Brittle) होता है, इस विधि से बहुत से टुकड़े खराब हो जाते हैं या उनकी तोल घट जाती है। इनके रंग आकर्षक तो बन जाते हैं परन्तु वे स्थायी नहीं हो सकते। परन्तु अब एक नई प्रक्रिया में अम्बर के रंग को स्थायी बनाया जा सकता है।

स्फटिक रूप के रत्नीय पत्थरों तथा पुखराज (Topaz) और अन्य रत्नीय पत्थरों के रूप में कृत्रिम सुधार किया जाता है। इसका अधिकतर कृत्रिम सुधार अस्थायी होता है। और यदि सावधानी और ध्यान से ऐसे पत्थरों की परीक्षा की जाए तो कृत्रिम प्रक्रिया का प्रभाव स्पष्ट हो जाता है।

चन्द्र रत्न—मोती
(PEARL)

अन्य भाषाओं के नाम

(a) **अंग्रेजी**—पर्ल (Pearl)

(b) **लेटिन**—मार्गारिटा

(c) **पंजाबी**—मोती

(d) **उर्दू-फारसी**—मुखारिद

(e) **संस्कृत**—मुक्ता, सौम्या, नीरज, तारका, शशिरत्न, मौक्तिक, तारा, स्वप्नसार, इन्दुरत्न, मुक्ताफल, शूलिज, शोक्तिक, शशिप्रिय, जीवरत्न, बिन्दुफल, शुक्तिमणि, रसाईभव, सौकितक और मूर्वारिद आदि।

भौतिक गुण—मोती खनिज नहीं, जैविक रचना है। इसकी कठोरता 3½—4, आपेक्षिक गुरुत्व 2.65 या 2.69 से लेकर 2.84 व 2.89 तक होती है।

प्राप्ति स्थान—सर्वश्रेष्ठ मोती जिदाह और कोशिट के किनारे के माने जाते हैं। गैम्बियर द्वीप के मोती ताम्र वर्ण के होते हैं। इन मोतियों की कीमत कभी-कभी 5,000 रु० तक की आंकी जाती है।

मोती के मुख्य प्राप्ति-स्थान—फारस (ईरान) की खाड़ी, मनार की खाड़ी (श्रीलंका), आस्ट्रेलिया के समुद्र तट, वेनिज्यूला जापान, लाल सागर, पनामा और पेसिफिक सागर के द्वीप। फारस की खाड़ी में जो मोती प्राप्त होते हैं वे अत्यन्त मूल्यवान होते हैं। वहां से प्राप्त मोती अधिकतर बम्बई लाये जाते हैं। फिर उनकी बिक्री होती है। या कभी-कभी सीधे लन्दन या पेरिस भेज दिए जाते हैं।

श्रीलंका का समुद्र तट मोतियों के उत्पादन में बहुत महत्त्वपूर्ण स्थान नहीं रखता है। यहां के मोती के दाने छोटे होते हैं। परन्तु वह होते उत्तम जाति के हैं। यहां यह काम सरकार के नियंत्रण में होता है।

आस्ट्रेलिया के समुद्र तट पर आधुनिक तरीकों से काम किया जाता है और गोताखोर को उपयुक्त वस्त्र तथा प्रशिक्षण दिया जाता है। यहां से प्राप्त मोतियों में सफेद द्युति होती है। जिसकी अमेरिका और इंग्लैंड में बहुत इज्जत होती है। आस्ट्रेलिया के तट पर फारस की खाड़ी के समान मूल्यवान मोती प्राप्त नहीं होते परन्तु सन् 1911 में एक 178 ग्रेन का मोती पाया गया था जो तीन हज़ार पौंड में बिका।

वेनजुएला के मोती ज़्यादातर काले रंग के होते हैं। कुछ मोतियों में श्याम रंग के साथ हरे रंग की आभा होती है। ऐसे मोती दुर्लभ हैं और अत्यन्त मूल्यवान माने जाते हैं।

मैक्सिको की खाड़ी के शंख वर्गीय जीवों से भी सुन्दर काले रंग के मोती मिलते हैं।

विभिन्न स्थानों के मोती की विशेषताएं

(a) **दक्षिण भारत**—दक्षिण भारत में मद्रास प्रान्त (तमिलनाडु) में भी मोती पाया जाता है। यह बसरे से मिलता-जुलता है। यह तूतीकोरिन के नाम से प्रचलित है।

(b) **दरभंगा** (मसही)—यहां का मोती चूना खाड़ी (Bay of Bengal) से मिलता-जुलता है। किन्तु यह उससे घटिया होता है। अधिकांश खाने में काम आता है। इसी प्रकार का मोती गोमती नदी में प्राप्त होता है।

(c) **फारस की खाड़ी**—यहां के मोती को बसरा मोती कहते हैं। यह सबसे उत्तम जाति का मोती माना जाता है। क्योंकि यह सबसे टिकाऊ होता है और चमक व चमड़ी अच्छी होती है।

(d) **सिंहल द्वीप** (श्रीलंका)—इसको काहिल का मोती कहते हैं। यह बहुत चमकदार होता है। बसरे के मोती के मुकाबले में यह श्याम आभायुक्त प्रतीत होता है। वजन में भी यह बसरे से हलका होता है।

(e) **वेनिजुएला** (दक्षिण अमेरिका)—यह भी बसरे के सदृश होता है किन्तु इसका आकार गोल कम होता है। यह सफेद होता है।

(f) **चूना खाड़ी (Bay of Bengal)** —यह मोती गुलाबी रंग का होता हैं। इसमें घाट का गोल अधिक होता है। यह बसरे के रंग से नरम होता है। पहनने से शरीर के पसीने के कारण सफेद हो जाता है तथा सुन्दरता बढ़ती है। किन्तु इसके रंग में समानता न होने के कारण रसायनों द्वारा इसे सफेद कर लिया जाता है। इस कारण इसकी आयु कम हो जाती है और कुछ रूखापन भी आ जाता है। धोने में जरा-सी असावधानी से मोती नष्ट हो जाता है।

(g) **उड़न मुर्गी** (चावलियां)—यह कच्चापन लिए हुए हलका चमकीला होता है। यह आकार का अच्छा होता है। किंतु कपड़े पर रगड़ने से इसका वजन कम हो जाता है। अतः हीन जाति का माना जाता है।

(h) **आस्ट्रेलिया**—यह मोती सफेद होता है किन्तु कठोर बहुत होता है। इसमें दांत के आकार के अधिक होते हैं। श्वेत होने पर भी सुन्दरता नहीं होती।

आजकल की मान्यता यह है कि मोती केवल सीप से ही प्राप्त होता है। यद्यपि यह जैविक उत्पत्ति का है, परन्तु उसकी बनावट विशेषतः खनिज पदार्थ के समान है। इसलिए हम मोती को रत्नीय पत्थर ही नहीं कह सकते, परन्तु वह मूल्यवान रत्न अवश्य है।

मोती का जन्म एक अत्यन्त आश्चर्यजनक विधि से होता है और इसको जन्म देने वाला एक छोटा-सा जीव होता है जो सीपी के अन्दर अपना घर बनाता है। मोती बनाने वाला घोघा 'मूसेल' (Mussel) जाति का एक जल में उत्पन्न होने

वाला जीव है जो आकार में स्कैलप (Scallop) से मिलता-जुलता होता है। उसके शरीर में मोटे धागों के समान कुछ अंग होते हैं जिनके द्वारा वह चट्टानों या अन्य जलीय स्थानों में अपने-आपको चिपका सकता है। जनने (जन्म लेने) की एक वर्ष में दो ऋतुएं होती हैं जब असंख्य घोंघे जल में उत्पन्न होते हैं। जो घोंघे चट्टानों का अवलम्ब पा सकते हैं वे ही इस योग्य होते हैं कि उनसे मोती बन सके।

घोंघा दो मांस के आवरण के अन्दर होता है जिसको मेण्टल (Mantle) कहते हैं और यह मेण्टल अत्यन्त सूक्ष्म छत्तों से ढंका होता है, जिनमें लाईम कार्बोनेट और अन्य कठोर पदार्थों के मिश्रण को निकालने की क्षमता होती है। यह मिश्रण जमकर धीरे-धीरे सीपी का रूप धारण कर लेता है। ये सीपियां हर घोंघे को ढंककर उसकी रक्षा करती हैं। इन्हीं के पट को आवश्यकतानुसार खोलकर घोंघा अपना भोजन प्राप्त करता है।

सीपी में चार परत होती हैं। प्रथम परत एक सींग के समान पदार्थ की होती है, जिसको कोंचलिन कहते हैं। यह पदार्थ 'मेण्टल' से निकलता है। इसकी परत 'प्रिज्मेटिक' (Prismatic) परत होती है जो कैल्साइट या ऑरगोनाइट तथा कोन्पिलिन की बनी होती है और सीपी की सतह पर समान कोण बनाती हुई जमती जाती है। कोंचिलिन द्वारा एक ढांचा बन जाता है जिस पर कैल्सियम कार्बोनेट जमा हो जाती है। यह पदार्थ भी मेण्टल से प्राप्त होता है। तीसरा पर्त मुक्ता माता का होता है जो कि वास्तव में 'मेण्टल' की सम्पूर्ण सतह से निकलने वाले कैल्सियम कार्बोनेट होता है। इसके किनारे टेढ़े-मेढ़े तथा खुले होते हैं, जिससे उस पर सुन्दर चमक आ जाती है। चौथी परत जिसको 'हाई पोस्ट्राकम' (Hypostracum) कहते हैं, घोंघे की मांस पेशियों और सीप की सतह के बीच में होती है। यह परत कैल्सियम कार्बोनेट के खानों (Columns) की होती है और सीप की सतह से समकोण होती है।

ये परतें बहुत धीरे-धीरे बनती हैं, और विभिन्न परतों से पड़ते हुए प्रकाश के अक्स से मोती में सुन्दरता आती है जिसको 'प्राच्य' आभा कहते हैं।

घोंघा जब उपयुक्त रूप से अपना घर बना लेता है तो अपने को सुरक्षित समझने लगता है। लेकिन प्रकृति को संसार को मोती जैसा रत्न देना है, इसलिए उसके द्वारा ऐसे उपकरण बनते हैं कि घोंघे की सुरक्षा में बाधा पड़ जाती है। जब कोई विजातीय पदार्थ, रेत के कण, कोई कीड़ा या चट्टान का कोई कण घोंघे के दुर्ग में प्रविष्ट हो जाता है तो घोंघा उससे छुटकारा पाने की पूरी कोशिश करता है और कभी-कभी वह सफल भी हो जाता है। जब वह सफल नहीं होता है तो घोंघा उस समय उस विजातीय पदार्थ को सीपी में वर्तमान पदार्थ से ढंकने लगता है और उस पर वह चक्करदार परतें चढ़ा देता है। वह पदार्थ वही होता है, जिससे सीपी बनती है। अन्त में यही परतें एक कांतिपूर्ण मोती का रूप धारण कर लेती हैं। यही मोती अन्त में बाजार में बिक्री के लिए आता है। मोती का आकार एक-सा नहीं होता। यह गोल, अण्डाकार, नासपाती के समान या किसी अनियमित आकार का

होता है। पूर्णतः गोल मोती बहुत अच्छा तथा मूल्यवान समझा जाता है।

कभी-कभी यह विजातीय पदार्थ सीपी और मेण्टल के बीच में पहुंच जाता है और कोई चिपकन कीड़ा सीपी में छेद कर देता है। ऐसी दशा में जो मोती बनते हैं वे सीपी से चिपक जाते हैं। तब उन्हें सीपी से काटना पड़ता है। वे चपटे तथा अनियमित आकार के होते हैं। ये मोती ब्लिस्टर पर्ल कहलाते हैं और गोल मोतियों की अपेक्षा उनका मूल्य कम होता है।

एक पूर्ण मोती में जो परतें होती हैं उनकी संख्या जानना कठिन है, क्योंकि ये परतें अत्यन्त पतली होती हैं। इसकी जांच सूक्ष्मदर्शक यन्त्र के नीचे मोती की सतह रखकर की जा सकती है। इसकी सतह अत्यन्त ही सूक्ष्म, अनियमित पर मोटे तौर पर समानान्तर रेखाओं से घिरी होती है। इसलिए इनकी संख्या जानना असम्भव है। इन पतली पारमासक पट्टियों के अध्यारोपण और उनके पास-पास वाले एक-दूसरे से मिले हुए सिरों के सम्मिलित प्रभाव पर मोती की स्थिति निर्भर है। सबसे सुन्दर कृत्रिम मोती की जांच करने पर पता लग जाता है कि उसमें इस विशिष्ट बनावट का सर्वथा अभाव होता है। दांतेदार पट्टिका के सिरे जितने अधिक पास-पास होंगे उतनी ही अच्छी मौक्तिक द्युति होगी।

मोतियों की कठोरता एक-दूसरे से भिन्न होती है। इस प्रकार उनके गुरुत्व में भी अन्तर होता है। विभिन्न समुद्रों से अलग-अलग प्रकार के मोती पाये जाते हैं। मोती की द्युति को देखकर एक दक्ष जौहरी बता सकता है कि मोती की उत्पत्ति-स्थान कौन-सा है। मोती कई प्रकार के रंगों में पाये जाते हैं। जैसे—सफेद, पीले, नीले, काले, गुलाबी, लाल, भूरे और कुछ श्याम आभा लिए हुए हरे। जिन मोतियों पर हलकी, गुलाबी द्यृति दिखाई देती है वे सर्वोत्तम माने जाते हैं। इस प्रकार के मोती केवल परशिया की खाड़ी (Persian Gulf) से प्राप्त होते हैं।

मोतियों की कटाई—मोती की कटाई दूसरे रत्नीय पत्थरों की तरह नहीं है। न ही इसके ऊपर पॉलिश की जाती है। कभी किसी मोती को जरूर रंगा जाता है किन्तु अधिकतर आभूषणों में इस्तेमाल करने के लिए उनमें केवल बिंधाई भी होती है। मोतियों का इस्तेमाल ब्रोचों में, अंगूठियों में, इयर रिंगों में, हाथ के बटनों में तथा आभूषणों में जड़ने में होता है। परन्तु नेकलेस में पिरोये हुए मोती बहुत सुन्दर लगते हैं और इसी रूप में इनके सबसे अधिक दाम प्राप्त होते हैं।

मोती के उपयोग के सम्बन्ध में रामचन्द्रजी के विवाह के समय निम्नलिखित चौपाइयां अत्यन्त महत्त्वपूर्ण हैं—

पठए बोलि गुनी तिन्ह नाना। जे वितान विधि कुसल सुजाना॥
विधिहि बंदि तिन्ह कीन्ह अरंभा। बिरजे कनक कंदील के खंभा॥

हरित मनिन्द्र के पत्र फल पदुमराग के फूल।
रचना देखि विचित्र अति मनु बिरंचि कर भूल॥

बेनु हरित मनिमय सब कीन्हें। सरल सपरब पकहिं नहिं चीन्हें॥

कनक कलित अहिबेलि बनाई। लखि नाह परइ सपरन सुहाई॥
तेहि के रचि पचि बंध बनाए। बिच-बिच मुकुता दाम सुहाए॥
मानक मरकत कुलिस पिरोजा। चीर कोरि पचि रचे सरोजा॥

परन्तु मोती अन्य रत्नों की अपेक्षा कोमल होते हैं। उनमें सहज ही खरोंच आती है। वे टूट भी जाते हैं। इसके अतिरिक्त उन पर अम्लों (Acid) की रासायनिक प्रतिक्रिया भी होती है। और वह शरीर के पसीने से भी खराब हो जाते हैं। सावधानी रखने पर भी जैविक भाग के क्षय के कारण कुछ समय पश्चात् नष्ट हो जाते हैं। पुराने खण्डहरों व समाधियों पर पाये गए मोती छूने मात्र से टूट जाते हैं। प्राचीन काल में जड़े हुए अंगूठियों के मोती अब दिखाई नहीं देते हैं।

जांच और परख

मोती के दोष—मोती खरीदते समय पूरी सावधानी रखनी आवश्यक है। अशुद्ध मोती मनुष्य के लिए हानिकारक सिद्ध होते हैं। अतः हमें मोती खरीदने से पहले उनको अच्छी तरह परख लेना चाहिए कि कहीं उसमें निम्नलिखित दोष तो नहीं हैं।

1. जरठ—जिस मोती में चमक या आभा का अभाव हो और हथेली पर रखने से यदि उसकी प्रतिछाया नहीं पड़ती हो तो ऐसे मोती को जरठ मोती कहते हैं। ऐसे मोती को पहनने वाले की अचानक मृत्यु हो जाती है।

2. अतिरिक्त—जिस मोती में मूंगे के समान छाया बनती हो उसे अतिरिक्त मोती कहते हैं। इस प्रकार का मोती पहनने से गरीबी आती है। रोजगार में बाधा पड़ती है। अतः ऐसे मोती हानिकारक होते हैं।

3. मत्स्याक्ष—जिस मोती में मछली की आंख के समान किसी स्थान पर चिन्ह्न हो उस मोती को मत्स्याक्ष मोती कहते हैं। ऐसा मोती निश्चय ही पुत्र-नाशक होता है।

4. शुक्ति लग्न—शुक्ति लग्न दोष उसे कहते हैं जिस मोती में चमक कम हो और कोई चिन्ह्न पाया जाता हो इस प्रकार का मोती कुष्ठ रोग को उत्पन्न करने वाला माना गया है।

उपर्युक्त दोष बहुत हानिकारक होते हैं। अतः इन चार मुख्य दोषों का मोती खरीदते समय ध्यान रखना आवश्यक हैं। इन दोषों के अतिरिक्त कुछ दोष और भी हैं जो घातक सिद्ध हो सकते हैं। वे निम्न हैं :—

5. कृश—जो मोती गोल न होकर लम्बा हो वह कृश दोष युक्त होता है। ऐसे मोती को धारण करने से बुद्धि नष्ट हो जाती है:—

6. अवृत—जो मोती चपटा होता है ऐसा मोती आवृत दोष-युक्त होता है। ऐसे मोती को धारण करने से अनर्थ प्राप्त होता है तथा हानिकारक होता है।

7. धब्बा—जिस मोती में कहीं पर भी दूसरे रंग का धब्बा दिखाई दे तो वह मोती अशुभ माना जाता है।

8. छाल—जो मोती फफोले के समान उठा हुआ होता है, वह चिन्ताओं को बढ़ाने वाला होता है।

9. लहर—जिस मोती पर बारीक लहर हो वह मोती हानिकारक होता है।

10. त्रिवृत्त—जिस मोती के ऊपरी स्तर पर रेखाएं दिखाई दें ऐसा मोती चित्रावृत्त दोष युक्त माना जाता है। ऐसे मोती को पहनने से सौभाग्य नष्ट होता है।

11. त्रास—त्रास-दोष युक्त मोती वह कहलाता है, जिसमें तीन कोने निकले हुए हों। ऐसा मोती सुख-शान्ति को नष्ट करने वाला होता है।

12. गरज मोती—जो मोती टूटा हुआ हो या खण्डित हो उसे गरज मोती कहते हैं। यह मोती सम्पत्ति को नष्ट करने वाला होता है।

13. ताम्र—तांबे जैसी सुर्खी लिये हुए मोती पत्नी का नाश करने वाला होता है।

14. चोंच—जिस मोती के चोंच हो या एक ओर से नुकीला हो ऐसा मोती कुल-हानि करता है।

15. सुन्न—जिस मोती में चमक न हो, ऐसा मोती सुन्न कहलाता है। ऐसे मोती को पहनने से दरिद्रता आती है।

16. काग—जिस मोती में मोटा-सां धब्बा हो वह काग मोती कहलाता है। यह मोती सन्तान के लिए हानिकारक सिद्ध होता है।

17. लव—जो मोती पतला हो ऐसा मोती स्वास्थ्य के लिए हानिकारक होता है।

18. मसा—जिस मोती पर लाल या काले रंग का धब्बा हो ऐसा मोती हृदय को कमज़ोर बनाता है।

19. अतिरिक्त—जिस मोती में मूंगे के समान लाल रंग पाया जाय वह मोती बल, बुद्धि एवं वीर्य को नाश करने वाला माना गया है।

मोतियों के गुण

मोती में आठ विशिष्ट गुण पाये जाते हैं।

(a) **सुतार मोती**—जिस मोती में तारे के समान रश्मियां स्फुटित होती हैं उसे सुतार मोती कहते हैं।

(b) **निर्मल मोती**—जो मोती किसी भी प्रकार के दाग से रहित हो उसे निर्मल मोती कहते हैं।

(c) **सुछा या मुक्तक**—जिस मोती को कांच से देखने पर उसकी छाया स्पष्ट दिखाई देती है उसे सुछा या मुक्तक कहते हैं।

(d) **सुच्छ मुक्तक**—जो मोती चौदह दोषों से रहित हो उसे सुच्छ मुक्तक कहते हैं।

(e) **सुवृत्त मोती**—जिस मोती में सभी तरह से पूर्ण गोलाई होती है उसे सुवृत्त मोती कहते हैं।

(f) **स्निग्ध मोती**—जो मोती हाथ में लेने पर चिकना-सा लगे उसे स्निग्ध मोती कहते हैं।

(g) **अस्फुटिक मुक्तक**—जो मोती रेखाओं से रहित होता है उसे अस्फुटिक मुक्तक कहते हैं।

(h) **धन मौक्तिक**—जो मोती तोल में अपेक्षाकृत भारी हो उसे धन मुक्तक कहते हैं।

दुर्लभ मोती

सीप के मोतियों के अलावा भी कुछ मोती होते हैं, जिनकी चमक असली मोतियों के समान इन्द्र धनुषीय होती है।

1. गज मुक्तक—यह मोती विश्व में सर्वश्रेष्ठ होते हैं तथा कठिनता से प्राप्त होते हैं। हरेक हाथी या नर कुंजर के मस्तिष्क में मोती नहीं होता। केवल उन्हीं नर कुंजर के मस्तिष्क में ऐसा मोती पाया जाता है, जिन हाथियों का जन्म पुष्य या श्रवण नक्षत्रों में हुआ हो। ऐसे हाथी की विशेष पहचान यह है कि यह हाथी, सुन्दर, सुडौल और भारी होते हैं तथा ललाट का मध्य भाग विशेष रूप से दमकता है। उस मध्य भाग के नीचे ही वह मोती होता है। अंधेरे में भी वह भाग इतना चमकता है कि उसके मन्द प्रकाश में हम सामान्यत: पुस्तक पढ़ सकें। यह मोती सुडौल, चमकीला और तेज होता है तथा जिन्हें देखते ही आंखों में शीतलता का संचार हो जाता है। इस प्रकार का सबसे बड़ा मोती 2½ तोले का होता है। जो कि अमेरिका के एक प्रसिद्ध धनी व्यक्ति के पास है। अब तक उस मोती की कीमत 80 करोड़ लग चुकी है।

भारत के राजपरिवारों के पास भी ऐसे मोती हैं। एक राजघराने में तो इस प्रकार के 24 मोती की माला भी है जिसका इतना प्रकाश है कि उसके सामने बिजली का 20 वाट का बल्ब भी फीका दीखता है।

यह ध्यान रखना चाहिए कि ऐसे मोतियों को बिंधाना नहीं चाहिए। ऐसा मोती जिसके पास होता है, उसके जीवन में किसी भी प्रकार की कमी नहीं होती।

इससे यह सिद्ध होता है कि एक आदमी को अपने जीवन में सभी क्षेत्र में असफलता मिली परन्तु जिस दिन से उसने यह मोती प्राप्त किया उस दिन के बाद वह शिखर पर पहुंच गया तथा आज सफलता उसके कदम चूमती है। तथा सभी लोग उसको मानते हैं।

2. शंख मुक्ता—समुद्र में पांचजन्य शंख में यह पाया जाता है। ज्वार-भाटा के समय जब समुद्र का पानी आलोड़ित-बिलोड़ित होता है तब ऐसा शंख सरलता से ही प्राप्त हो जाता है। इसका रंग हलका नीला और आकृति सुडौल और सुन्दर होती है। तथा इस पर यज्ञोपवीत की तरह तीन लकीरें स्पष्ट दिखाई देती हैं। इस प्रकार के मोती में चमक नहीं होती, मगर लक्ष्मी-प्राप्ति में यह मोती अत्यन्त सहायक होता है। देश के आज के एक बहुत धनी व्यक्ति के हाथ में पहने हुए ऐसे मोती देखे जा सकते हैं। इस प्रकार के मोती की कीमत कभी-कभी 30-40 हजार रुपये तक लग जाती है।

एक बार की बात है कि एक साधु ने एक व्यक्ति से खुश होकर आशीर्वाद के रूप में शंख मुक्ता दिया। इस मोती के प्राप्त करने के पश्चात वह व्यक्ति देश का माना हुआ धनी बन गया।

3. **सर्प मुक्तक**—श्रेष्ठ वासुकी जाति के भजुंग के सिर में यह मोती पाया जाता है। ज्यों-ज्यों इस सर्प की उम्र बढ़ती है, त्यों-त्यों इस मोती का तोल भी बढ़ता जाता है। यह मुक्तक हलके नीले रंग का, तेज युक्त दीप्तिमान होता है। यह मोती कठिनाई से प्राप्त होता है और भाग्यशाली पुरुष ही इसे धारण कर सकते हैं। इस प्रकार के मोती को बिंधाना नहीं चाहिए और चांदी की अंगूठी में मढ़वा देना चाहिए।

4. **शूकर मुक्तक**—वाराह वर्ग में उत्पन्न शूकर के यौवन काल में उसके मस्तिष्क से पाया जाता है। जब वाराह के मस्तिष्क में मोती पूर्ण रूप से पक जाता है तो वह वाराह पागल हो जाता है और चारों तरफ भाग-भागकर दीवारों से टकराता है। इस कारण उसका सिर लहूलुहान हो जाता है और उसके मस्तिष्क में से एक गांठ-सी बाहर निकलती है। उसमें से पीले-पीले रंग का यह गोल, सुन्दर एवं चमकदार मोती प्राप्त होता है। वाक्-सिद्धि के लिए यह मोती अत्यन्त गुणकारी माना गया है। इसके धारण करने से वह व्यक्ति ओजस्वी वक्ता तथा वाक्-शक्ति में निपुण हो जाता है।

5. **वंश मुक्तक**—जहां बांसों की अधिकता होती है अथवा बांसों के जंगल होते हैं, वहां उस वन में स्वाति नक्षत्र, पुष्य नक्षत्र अथवा श्रवण नक्षत्र से एक दिन पहले उस विशेष बांस में से रेणु के समान ही ध्वनि गूंजने लग जाती है, और यह ध्वनि तब तक गुंजारित रहती है, जब तक कि सम्बन्धित नक्षत्र का समाप्ति काल नहीं आ जाता। ऐसे बांस की पहचान उसकी ध्वनि से ही की जाती है। जिस समय यह ध्वनि हो रही हो उस समय बांस को बीच में से काटकर उस गर्भस्थल में पड़े हुए मोती को निकाल लिया जाता है। इसका रंग हलका हरा और आकृति गोल होती है।

6. **आकाश मुक्ता**—पुष्य नक्षत्र में जब आकाश मेघों से घटाटोप होता है, तब कभी-कभी वर्षा के साथ यह मोती भी गिर जाता है। पूरी वर्षा में एक या दो मोती नीचे गिरते हैं। कई बार तो ऐसे मोती जंगलों में गिर जाते हैं या धूल में मिल जाते हैं। परन्तु कभी-कभी भाग्यशाली लोगों को ये मोती प्राप्त होते हैं। यह गोल आकृति का, दूधिया रंग का विद्युत के समान चमकीला होता है। इसके धारण करने से व्यक्ति परम तेजस्वी और सौभाग्यशाली होता है। आकस्मिक धन-प्राप्ति में ऐसा मोती अत्यन्त सहायक होता है।

7. **मीन मुक्तक**—यह मोती मछली के उदर से प्राप्त होता है। जिस मछली के उदर से यह मोती प्राप्त होता है उस मछली को हैलासाइटिक वर्ग की मछली कहते हैं। इस मछली के पंख सुनहरे होते हैं और लम्बाई में यह मछली छः इंच से बड़ी नहीं होती। चने के आकार का यह मोती पाण्डु रंग का चमकदार होता है। इसके

पहनने से पानी में प्रकाश हो जाता है। यदि यह मोती उंगली में धारण किया हो तथा जल में डुबकी लगाई जाये तो पानी में सारी चीजें उस मोती के प्रकाश में स्वच्छ देखी जा सकती हैं। क्षय-रोग को मिटाने में यह एक प्रभावशाली सहायक होता है। बम्बई के प्रसिद्ध क्षय रोग डॉक्टर कोट्यार कहते हैं, कि अगर क्षय रोग अपनी प्रथम या दूसरी स्टेज में हो तो इसके प्रयोग से आसानी से चार-पांच दिन में ठीक किया जा सकता है।

8. **मेघ मुक्तक**—रविवार को पुष्य या श्रवण नक्षत्र हो तो उस दिन यह मोती वर्षा के साथ-साथ एकाध ठौर पर गिरता है। इसका रंग मेघ के समान स्वच्छ एवं चमकदार होता है। इस प्रकार का मोती पहनने से जीवन में किसी प्रकार का अभाव नहीं रहता।

9. **सीप मुक्तक**—अधिकतर मोती सीपों से ही प्राप्त होते हैं। इस प्रकार के मोतियों को बींध कर भी काम में लिया जाता है। और बिना बींधे अंगूठियों में जड़वाकर पहन सकते हैं। स्वाति नक्षत्र की बूंद जब सीप के पेट में पहुंचती है तब इस मोती का जन्म होता है। इस मोती पर चन्द्रमा का पूरा प्रभाव रहता है। ये मोती कई आकार के होते हैं। लम्बे, गोल, सुडौल, बेडौल, तीखे, नख की आकृति के और चपटे। यों तो ये मोती विश्व के सभी समुद्रों में मिल जाते हैं, परन्तु श्याम और बसरे की खाड़ी के मोती उत्तम माने जाते हैं। जिनकी जन्म कुण्डली चन्द्रमा क्षीण या अस्त हो या पाप युक्त हो उसे बसरे की खाड़ी का ही मोती पहनना चाहिए। ऐसा मोती गोल, हलकी पीली झाईं वाला और सुडौल होता है। उदर रोगों में यह मोती अत्यन्त लाभकारी होता है।

जहां मोती अंगूठी में पिरोये जाते हैं वहां विशेष कार्यों के लिए मोतियों के हार भी पहने जाते हैं।

1. **देवच्छन्द हार**—इसमें एक सौ चार मोती तीन लड़ियों में पिरोये ज़ाते हैं। साधना-कक्ष में इस प्रकार का हार अत्यन्त अनुकूल होता है।

2. **गुच्छ माला**—इस माला में 32 मोती होते हैं। यह माला जीवन में सफलता के लिए लाभकारी है।

3. **रश्मिकपाल हार**—इस प्रकार की माला में 69 मोती होते हैं। जीवन में यश प्राप्त करने के लिए लोग इस प्रकार की माला को धारण करते हैं।

4. **इन्द्रच्छन्द माला**—इन्द्रच्छन्द माला में एक हजार आठ मोती होते हैं। तथा ये चार लड़ियों में पिरोये जाते हैं। अखण्ड सौभाग्य के लिए यह माला पूर्ण शुभफलदायिनी है।

5. **विजयच्छन्द माला**—इसमें 504 मोती होते हैं। तथा ये दो लड़ियों में पिरोये जाते हैं। पुराने समय राजा लोग विजय प्राप्त करने के लिए इस प्रकार की माला धारण करके जाते थे।

6. **नक्षत्र माला**—इसमें 27 मोती होते हैं और ग्रह-शान्ति के लिए विद्वान् लोग इस प्रकार के हार का प्रयोग करते हैं।

7. फलक हार—यह 5 मोतियों से निर्मित होता है तथा मन की शान्ति के लिए लोग इसे गले में धारण करते हैं।

8. माणवक माला—इसमें 16 मोती होते हैं। व्यापार-वृद्धि के लिए इस प्रकार की माला का प्रयोग किया जाता है। इससे व्यापार धीरे-धीरे आगे बढ़ता जाता है।

9. मन्दरमाला—मन्दरमाला 8 मोतियों से बनती है। जीवन में सुख-शान्ति के लिए इसका प्रयोग किया जाता है।

10. अर्द्ध-देवच्छन्द हार—इसमें 88 मोती होते हैं। संभोग सुख प्राप्त करने अथवा गृहस्थी का पूर्ण सुख प्राप्त करने के लिए इस प्रकार की माला को पहनना चाहिए।

11. अर्द्धमाणवक माला—यह माला 12 मोतियों से बनती है और यह व्यापार-वृद्धि में सहायक होती है।

12. अर्द्धगुच्छ माला—यह माला 20 मोतियों से बनती है। इसको पुत्र-सुख प्राप्त करने हेतु पहनना चाहिए।

हार उसे कहते हैं जो कि मन का हरण करता हो या मन को आकर्षित करता हो। मोतियों के हार को उरसूत्रिका कहा जाता है। 100 मोतियों के हार को देवहार कहा जाता है। 32 मोतियों के हार को गुच्छ हार तथा बारह (12) मोतियों के हार को अर्द्धहार कहते हैं।

मोतियों की परीक्षा

मोतियों की परीक्षा के लिए निम्नलिखित विधियाँ काम में लानी चाहिएं।

(अ) असली मोती दांत से सरलता से टूट जाता है। जब कि नकली मोती दांतों से नहीं टूटते हैं।

(ब) चावल के छिलकों में मोतियों को रखकर खूब रगड़ें और उसके बाद उन मोतियों को गोमूत्र से धो लें। जो मोती नकली होंगे वे टूट जायेंगे व जो असली होगा वह नहीं टूटेगा।

(स) साफ काँच के गिलास में पानी डालकर उसमें मोती डाल देने पर उस पानी में से हलकी-हलकी किरणें-सी दिखाई देती हैं।

(द) गाय का मूत्र किसी मिट्टी के बर्तन में लेकर उसमें मोती डाल दें। रात भर उस मोती को उसी के अन्दर रहने दें। जो मोती रात में उसमें टूट जाये उसे नकली मोती समझ लेना चाहिए।

मोतियों की जांच करने के लिए नई विधि में मूल्यवान उपकरण एवं कुशल व्यक्ति की आवश्यकता होती है। परन्तु एक सरल विधि और है। इस विधि के आधार पर कल्चर जैसे सच्चे दिखाई देने वाले मोतियों के औसत घनत्व में अन्तर होता है। इसमें एक भारी द्रव ब्रोमोफार्म का प्रयोग किया जाता है। यदि इस परीक्षण को केवल एक ही द्रव तक सीमित रखना हो तो ब्रोमोफार्म को बेंजीन, टोलुईन या मोनोब्रोमो नेपथ्लीन मिलाकर इतना हलका कर लेना चाहिए जिससे

उसमें आइसलैंड पार अर्थात् कैल्साइट का टुकड़ा जो निर्देशक के रूप में प्रयुक्त होता है, धीरे-धीरे सतह पर उठ आये। शुद्ध कैल्साइट का आपेक्षित गुरुत्व 2.71 है। इसलिए हलका करने पर द्रव का घनत्व 2.715 या 2.72 मान लिया जाता है। इस प्रकार के द्रव में बहुत से सच्चे मोती तैरते हैं। ऐसा औसतन 80% सच्चे मोती तैरते हैं। सच्चे मोती ऐसे द्रव में डूबते भी हैं तो धीरे-धीरे डूबते हैं। इसके अलावा कल्चर मोती पानी में अधिकांशतः जल्दी डूब जाते हैं।

(य) कल्चर मोती में काँच के समान विजातीय पदार्थ की गोली होती है जो बींधने पर सूराख में दिखाई देती है।

(र) इनके सूराख में समानता नहीं होती। नकली मोती का छेद बीच में से चौड़ा होता है। बींधने में या तो गोली निकल जाती है या रहती है तो छेद के आरम्भ के स्थान के बीच का स्थान अधिक बड़ा हो जाता है और अन्दर यह गोली चमकती है। इसको यंत्र के द्वारा देखा जा सकता है।

(ल) नकली मोती के ऊपर की चमड़ी कठोर होती है।

(व) चावल में कच्चे मोती को रगड़ने से उसकी चमक कम पड़ जाती है जबकि असली मोती की चमक बढ़ जाती है।

अतः असली व नकली मोती की पहचान के लिए उपर्युक्त विधियां अपनानी चाहिएं।

इमीटेशन मोती—नकली मोती जिन्हें इमीटेशन या मोमिया मोती भी कहते हैं, पतले कांच के खोखले गोले होते हैं। ये मछली के शुल्क से तैयार किये पदार्थ द्वारा आवृत होते हैं, जिनसे इनमें मोती की द्युति आ जाती है। फिर कांच के गोलों को मोम से भर दिया जाता है। पारभासिक सफेद कांच का जिसमें मोक्तिक द्युति हो प्रयोग प्राकृतिक रत्न का अनुकरण करने में किया जाता है। इन नकली मोतियों को निकट से देखने में सहज से पहचाना जा सकता है। किसी भी अवस्था में इन मोतियों पर सूक्ष्म रूप में स्थित दांतेदार चिह्न नहीं पाये जाते। ये केवल सच्चे एवं कल्चर मोतियों की ही विशेषता है।

नकली अर्थात् इमीटेशन मोतियों को दांत के बीच रखने पर वे चिकने मालूम पड़ते हैं। परन्तु इसके विपरीत सच्चे मोती रेतीले लगते हैं। सबसे सरल तथा अच्छा परीक्षण यह है कि लेंस की सहायता से इसके बिंधे छेद के सिरों को देखा जा सकता है। देखने से यह ज्ञात होगा कि ये कांच के दाने के बने हुए हैं और यदि कांच के अतिरिक्त किसी अन्य पदार्थ के मोती हुए तो उनके ऊपर चढ़ाये आवरण के कुछ उतर जाने के चिह्न अवश्य मिल जायेंगे।

इमीटेशन मोतियों में कांच के गोले की भीतरी या बाहरी सतह मछली के शुल्क से बने पदार्थ से आवृत्त होती है। इन दोनों प्रकार के मोतियों का सर्वाधिक संख्या में आपेक्षिक गुरुत्व मालूम करने के पश्चात रॉबर्ट बेवस्टर ने कहा कि ठोस नकली मोतियों का आपेक्षिक गुरुत्व सच्चे मोतियों के आपेक्षिक गुरुत्व से काफी अधिक होता है। यह 2.85 से 3.18 है।

मोती के घाट के आकारों के नाम

(1) सिरा (2) खड़ी कमर (3) किलकी (4) पाया (5) तलिया (6) चिकना असार (7) कड़कड़ (8) बैठकी (9) बटला (10) गामा (11) तरिगामा (12) कमर (13) चौखा सिरा (14) सुजनी (15) सिमटा अंसार आदि।

मोतियों का शोधन—जब मोती ज्यादा समय तक पहना जाता है तो पसीने, धूल तथा पानी के प्रभाव से उसकी चमक चली जाती है। प्राचीन काल में इस चमक को वापस प्राप्त करने की अनेक विधियां थीं। जैसे—

1. मैले मोती को कबूतर को खिला दिया जाता था और 20 घण्टे तक उसके पेट में रहने दिया जाता था। निकालने के बाद (जो कि कबूतर मार कर ही हो सकता था) मोती में चमक आ जाती थी। परन्तु वह तौल में कम हो जाता था।

2. चावल और पानी एक बर्तन में डालकर नीचे से गरम किया जाता था। जब पानी गुनगुना हो जाता था तो आग से उतार कर बने मांड से मोती को कुछ समय तक साफ किया जाता था। इससे मोती साफ हो जाता था और उसमें चमक आ जाती थी।

3. अरीठे के पानी से मोती धोने पर चमक आ जाती है, मैल साफ हो जाता है।

4. मूली में खड्डा बनाकर उसमें मोती भर देते थे। खड्डे के शेष भाग को बूरे (शक्कर) से भर देते थे तो मोती साफ हो जाता था। इससे मोती साफ भी हो जाता था तथा खराब भी नहीं होता था। अन्य क्रियाओं में अगर थोड़ी भी असावधानी बरती जाये तो मोती खराब हो जाता था।

5. पुराने मोती को हाइड्रोजन पराक्साइड और ईथर के द्वारा साफ करते हैं। परन्तु इसमें सावधानी रखनी पड़ती है।

मोती का प्रभाव—मोती आर्यों का अत्यधिक प्रिय रहा है। अथर्ववेद में इसके धारण करने के बारे में विस्तार से बताया गया है। भारत में अनेक जातियों की सौभाग्यशाली स्त्रियां इसे नग में जड़वाकर पहनती हैं। दक्षिण में यह नियम है कि अपनी पुत्री के विवाह में मोतियों से जड़ी नग दहेज में देते थे।

चीनी लोगों का विश्वास है कि मृतक के मुंह में मोती रखकर दाह-संस्कार करने से वह प्राणी स्वर्ग में जाता है।

जापान के बौद्धों का विश्वास है कि मोती की उत्पत्ति देवताओं द्वारा हुई। अतः मोती पास में रखने की वजह से शक्ति का संचार होता है।

अरब के लोग मोती को शक्ति का प्रदाता कहते हैं। चीनी भाषा में मोती को योंग कहते हैं। योग का अर्थ शक्ति को बढ़ाने वाला माना गया है। अथर्ववेद के अनुसार मोती शरीर की व्याधियों से छुटकारा दिलाता है। यह मोक्ष प्रदान करने में पूर्ण सहायक होता है। इसकी भस्म के सेवन से धर्म, अर्थ और काम की प्राप्ति होती है।

आजकल मोतियों का बुरादा शरीर की सुन्दरता बढ़ाने के लिए प्रयुक्त किया जाता है। पेरिस में धनवान स्त्रियां तथा अभिनेत्रियां फेस पॉउडर में मोतियों का बुरादा ही काम में लेती हैं।

मोती की छाया—मोती को दूर से देखने पर जो चमक दिखाई देती है, उसे आभा या दीप्ति कहते हैं। तथा पास से देखने पर चमक के साथ-साथ लाल, पीली, नीली या सफेद झाईं भी दिखाई देती है। उसे छाया कहते हैं। इनमें चार प्रकार की छाया होती है।

(अ) **लाल छाया**—यह मोती क्षत्रिय मुक्ता कहलाता है।

(ब) **पीत छाया**—जिस मोती से पीली छाया दिखाई दे उसे वैश्य मुक्ता कहते हैं।

(स) **श्वेत छाया**—इस प्रकार के मोती को विप्र मुक्ता कहते हैं।

(द) **कृष्णा छाया**—जिस मोती से काली छाया प्रतीत हो उसे शूद्र मुक्ता कहते हैं।

ब्राह्मण, क्षत्रिय, वैश्य तथा शूद्र जाति वाले व्यक्तियों को अपनी ही छाया वाले मोतियों को धारण करना चाहिए।

मोती की मणि—जो व्यक्ति मोती नहीं पहन सकते उन्हें मोती का उपरत्न पहनना चाहिए। इसे निमरु भी कहते हैं। सांप की मृत्यु पर उसकी पूंछ से छोटा-सा मोती सदृश रत्न मिलता है, जो निमरु कहलाता है। यद्यपि वह मोती के समान् प्रभावशाली तो नहीं होता फिर भी यह मोती के समान लाभदायक अवश्य होता है।

चन्द्रमणि—सफद रंग का पुखराज चन्द्रमणि कहलाता है। चन्द्रमा कमज़ोर होने पर विद्वानों ने चन्द्रमणि पहनने की भी सलाह दी है। चन्द्रमणि निम्न प्रकार की होती है।

(a) **नील संग**—इस पर एक नीले रंग की पतली-सी धार दिखाई देती है। इसके पहनने से शरीर पर विष का प्रभाव नहीं होता है।

(b) **श्वेत संग**—यह चमकदार तथा अच्छे पानी का होता है। तथा इस पर किसी भी प्रकार का धब्बा दिखाई नहीं देता। रक्त-सम्बन्धी विकार, मानसिक असंतोष और पेशाब की तकलीफ को दूर करने में यह रामबाण औषधि है।

(c) **गोरी संग**—यह गेरुए रंग का होता है तथा धनधान्य की वृद्धि के लिए यह पूर्ण सहायक होता है।

मोती कौन पहने?

1. यदि जन्म कुण्डली में सूर्य तथा चन्द्रमा एक साथ हों या सूर्य से एक राशि आगे या पीछे हों तो चन्द्रमा क्षीण होता है। ऐसे में मोती को धारण करना जरूरी है।

2. यदि चन्द्रमा पर राहू, केतु या मंगल की दृष्टि हो तो चन्द्रमा का मोती पहनना चाहिए, जिससे उस व्यक्ति के संकटमय दिन टल जायें।

3. दूसरे भाव का स्वामी अगर चन्द्र हो और वह कुण्डली में कहीं पर हो तब भी मोती पहनना श्रेयस्कर माना गया है।

4. यदि चन्द्रमा अपनी राशि के छठे, आठवें या 12वें भाव में हो तब भी मोती पहनना चाहिए।

5. यदि चन्द्रमा पंचमेश होकर बारहवें भाव में हो तभी मोती धारण करना शुभ माना गया है।

6. चन्द्रमा नीच, वक्री, राहु के साथ या अष्टम हो तो चंद्रमा का मोती पहनना लाभदायक रहता है।

7. जिसकी कुण्डली में चन्द्रमा, वृश्चिक राशि का होकर कहीं पर भी स्थित हो उसे अवश्य मोती पहनना चाहिए।

8. विंशोतरी पद्धति से जिस जातक को चन्द्रमा की अन्तर दशा हो उस व्यक्ति को भी मोती धारण करना लाभदायक होता है।

9. केन्द्र में चन्द्रमा की उपस्थिति हलकी मानी गई है। अतः ऐसे चन्द्र को बलवान् बनाने के लिए मोती पहनना आवश्यक है।

मोती का प्रयोग—गुरुवार या रविवार को पुष्य नक्षत्र हो तो उस दिन प्रातः सूर्योदय से दस बजे के बीच चांदी की अंगूठी में चार रत्ती के लगभग का मोती जड़वा दें। मोती के साथ चांदी ही शुभ फल देने वाली मानी गई है। अंगूठी में मोती इस प्रकार जड़ा जाये कि उसके नीचे का हिस्सा अंगुली का स्पर्श करता रहे। यह अंगूठी बायें हाथ की कनिष्ठिका अंगुली में पहननी चाहिए।

प्रातःकाल दस बजे के पश्चात् चन्द्र-यज्ञ करें, सात रत्ती चांदी का चन्द्रासन बनावें और उस पर अंगूठी रखकर प्राण प्रतिष्ठा करें; उसके बाद निम्न चन्द्र-मंत्र से अभिषिक्त करें।

"ओम इमन्देवा असपत्नधं सुवध्वम्महते क्षत्रय महते ज्येष्ठयाय महते जानराज्यायेन्द्रस्येन्द्रियाय। इममनुष्य पुत्रमपुष्य पुत्रमपयांव्वश एषको मीरा आसोमो स्माकं ब्राह्माणस्त चूं राजा॥

इसके पश्चात् "ओम सोम सुमायनमः" मंत्र से अग्नि में घृत की 700 आहुतियां दें। पूर्णाहुति के बाद वह प्राण प्रतिष्ठा युक्त अंगूठी धारण करें। इस प्रकार की मुद्रिका सिद्धि देने में समर्थ होती है।

चन्द्र यन्त्र : पूजा एवं प्रयोग

यदि चन्द्र आधा प्रबल हो तो चन्द्र यन्त्र बनाना चाहिए। उसके बाद इसकी बदौलत षोडशोपचार पूजा करवानी चाहिए। ऐसा करने से लक्ष्मी स्थायी बनती है। भयंकर से भी भयंकर रोग भी ठीक हो जाता है। चन्द्र जिन-जिन वस्तुओं का कारक ग्रह है उन वस्तुओं की वृद्धि के लिए चन्द्र यन्त्र अद्भुत है।

मोती पहनने के दिन से उस मोती का प्रभाव दो वर्ष, एक मास तथा सत्ताईस दिन तक रहता है। तत्पश्चात् उसी मोती को पुनः प्राण-प्रतिष्ठा करने से वह फलदायी बन जाता है।

मंगल रत्न–मूँगा

विभिन्न भाषाओं के नाम

(a) **संस्कृत**—लतामणि, प्रवाल, विद्रुम, रत्नांग, अंगारक मणि, भौम रत्नक, अम्भोदिपल्लव।

(b) **हिन्दी**—मूँगा।

(c) **मराठी**—पोले।

(d) **फारसी**—मिरजाना, मिरंगा, मिरंजा।

(e) **अंग्रेजी**—कारेल (Coral), रेड कोरेल (Red Coral)।

(f) **चीनी**—सहूहोची।

(g) **बर्मा**—टाडा।

(h) **गुजराती**—परबाला, परबाली।

(i) **बंगला**—पला, मूँगा।

(j) **तेलुगु**—प्रवालक।

उत्पत्ति स्थान— मूंगा भी समुद्र से मिलने वाला रत्न है। रत्नों की श्रेणी में इसे मोती से काफी नीचे स्थान प्राप्त है। यह कैल्सियम कारबोनेट का ही घटक है। भूमध्यसागर के आस-पास के स्थानों और द्वीपों में उत्तम जाति का बहुमूल्य मूंगा मिलता है। इस प्रकार के स्थान समुद्र के किनारे से तीन से लगाकर पन्द्रह मील की दूरी पर होते हैं। समुद्र में मूंगे की चट्टानें लगभग 80 फैदम की गहराई में मिलती हैं। इसके अतिरिक्त यह मूंगा नेपल्स के आस-पास के स्थानों में प्रोबेंस, जिनेवा आदि स्थानों पर भी पाया जाता है।

एल्जीरिया, ट्यूनीसिया, कारसिका, सारडीनिया, सिसली के समुद्र-तटों से भी मूंगा प्राप्त होता है। जापानी द्वीपों के समुद्र तटों पर भी मूंगे के जमाव पाये जाते हैं परन्तु मूंगे के निकालने का कार्य अधिकांशतः इटली के निवासी करते हैं। और उनको रत्न का रूप नेपल्स नगर से दिया जाता है। अधिकतर मूंगा बैल के खून के रंग (Ox-blood) का होता है जिसे 'मोरीकोरल' भी कहते हैं। स्पेन के समुद्र तट से मूंगा प्राप्त होता है, जो गहरे लाल रंग का होता है।

किसी समय अफ्रीका के तट पर नीले रंग का मूंगा प्राप्त होता था। परन्तु अब इस रंग का मूंगा नहीं मिलता है।

भौतिक गुण—मूंगे अर्द्धपारदर्शक भी होते हैं परन्तु अधिकांशतः अपारदर्शक ही होते हैं। मूंगा श्वेत, गुलाबी, नारंगी, लाल, काला आदि रंगों में प्राप्त होता है। काला मूंगा शेष रंगों के मूंगों से इस बात में निम्न होता है कि वह अधिकतर

कैल्सियम कार्बोनेट का बना होता, बल्कि सींग सरीखे पदार्थ का नहीं बना होता है। चूनेदार मूंगे के गुण कैल्साइट (चूर्णाश्म) जैसे ही होते हैं। मूंगे का एक विशेष गुण है कि यह समुद्र में जिस चट्टान पर लगा होता है, उसकी सतह पर यह सदा लम्बे रूप में खड़ा होता है। इसके तन्तु प्रत्येक शाखा के केन्द्र से उसकी लम्बाई से लम्ब रूप सतह पर फैले हुए होते हैं। मूंगे का आपेक्षिक गुरुत्व 2.65 होता है। कठोरता 3.5 से 4 तक की होती है। वर्तनांक इसके 1.486 तथा 1.658 है। इस प्रकार दुहरावर्तन अधिक होता है। मूंगे पर हाइड्रोक्लोरिक एसिड डालने से झाग उठते हैं। काले मूंगे पर इसका प्रभाव नहीं पड़ता है। काले मूंगे को यदि तपायी हुई तार से छूआ जाये तो उससे ऐसी दुर्गन्ध आती है जैसा कि बाल जलने से आती है।

मूंगे की उत्पत्ति वानस्पतिक मानी गई है। परन्तु प्राप्त यह मोती के समान समुद्र से ही होता है। देखने में इसका रूप बेल की शाखाओं जैसा लगता है। आधुनिक वैज्ञानिकों के अनुसार यह मूंगा जल जन्तु (Oral polyp), चूने की ठठरी (Calcareos Skeleton like) के समान जमाव है और उसका अधिकांश भाग समुद्र से निकले कैल्शियम कार्बोनेट का बना है। मूंगे नाम का एक जन्तु जो गूदे या जैली के समान लसलसा होता है, समुद्र में डूबी हुई कुछ चट्टानों में चिपक जाता है। उपयुक्त परिस्थितियों में वह अपने बाहरी और निचले भाग पर कैल्शियम कार्बोनेट के कठोर जमाव को एकत्रित कर लेता है। बनावट में लाल मूंगा छोटी-छोटी नलियों के समान होता है, जो एक दूसरी से जुड़ी होती हैं और फिर एक वृक्ष की शाखाओं के समान बढ़ती जाती हैं। मूंगा बनाने वाले जमाव सब समुद्रों में या किसी समुद्र के सब भागों में नहीं पाये जाते हैं। इसको एक निश्चित तापमान की आवश्यकता होती है। मूंगे के जमाव लगभग नौ से नौ सौ फीट की गहराई में पाये जाते हैं। परन्तु प्राप्त स्थान की गहराई जितनी अधिक होती है उतनी ही मूंगे के रंग की गहराई कम होती है। मूंगा एक जल-जन्तु से बनता है। इसलिए जमाव को परिपक्व होने में कई वर्ष लग जाते हैं। जब तक जमाव पक्का नहीं हो जाता उसको स्पर्श नहीं किया जाता।

मूंगा जल-जन्तु जो बिना पत्ती परन्तु शाखाओं वाला वृक्ष बनाता है, वह कभी-कभी मनुष्य के शरीर के समान मोटा होता है। परन्तु सामान्यतः एक फुट ऊंचा और एक इंच मोटा होता है। इसका रंग अत्यंत लाल होता है। इसको खूब चमकाया जा सकता है। इसमें शहद के छत्तों के प्रकार के खाने जैसी झिल्ली चढ़ी रहती है। अपने इन घरों में बैठे कीड़ों के मुंह पर नोकीली मूंछें होती हैं। इनमें स्पर्श-शक्ति अत्यन्त प्रबल होती है। इसके द्वारा ही ये अपना भोजन प्राप्त करते हैं। इनका भोजन छोटे-छोटे समुद्री कीड़े या वनस्पतियों के छोटे-छोटे कण होते हैं।

ये प्राणी समुद्र में डूबी चट्टानों पर अपना लतामय ढांचा बनाते हैं। अर्थात् मूंगा बनाते हैं, जो उनके रहने का घर होता है। मोती बनाने वाला घोंघा अपने घर के भीतर मोती बनाता है। परन्तु मूंगे का जमाव तो एक प्रकार से स्वयं कीड़ों का घर होता है।

लिगोनाइस ने लिखा कि मूंगा समुद्र में पेड़ के समान बढ़ता है। उसमें पत्तियां नहीं होतीं। उसके अनुसार आकार में यह दो फुट से बड़ा नहीं होता।

आभूषण में जो मूंगा प्रयोग होता है उसे 'कोरेलियम रुबरुम' (Corallium Rubrum) कहते हैं।

मूंगे की जातियां

(अ) **ब्राह्मण मूंगा**—ब्राह्मण मूंगा वह कहलाता है जो लाल रंग का होता है तथा कोमल हो, चिकनापन लिए हो तथा जिसमें सरलता से छेद किया जा सकता हो।

(ब) **क्षत्रिय मूंगा**—इसका रंग बन्धुक पुष्प के समान या अनार के पुष्प के समान होता है। इसमें चिकनापन नहीं पाया जाता है। यह कठोर होता है और इसमें आसानी से छेद नहीं होता।

(स) **वैश्य मूंगा**—इसका रंग पलास के पुष्प के जैसा होता है। रंग अपेक्षाकृत गहरा होता है और स्पर्श करने पर चिकना मालूम होता है। मगर इसकी चमक में कमज़ोरी होती है।

(द) **शूद्र मूंगा**—यह कान्तिरहित कठोर और लाल कमल के दलों के रंग का होता है। इसमें छेद नहीं किया जा सकता है।

प्रत्येक जाति को अपनी ही जाति का मूंगा धारण करना चाहिए। गणपति की मूर्ति वैश्य प्रवाल में ही खुदनी चाहिए। सरस्वती की मूर्ति ब्राह्मण प्रवाल में बनानी चाहिए। किसी भी देवता की मूर्ति शूद्र प्रवाल में बनाने से लाभ के अपेक्षा हानि होती है।

मूंगे की परीक्षा—मूंगे की परीक्षा कई प्रकार से की जाती है जिनमें से मुख्य-मुख्य नीचे दी जा रही हैं।

(a) रक्त में मूंगा रख दिया जाय तो मूंगे के चारों ओर गाढ़ा रक्त जमा जो जायेगा।

(b) दूध में मूंगा डालने से दूध में लाल रंग की झाईं-सी देखने को मिलती है।

(c) यदि ब्राह्मण जाति का मूंगा हो और उसे सूर्य की धूप में रूई पर रख दिया जाय तो एक या दो घण्टे में रुई में आग लग जायेगी।

मूंगे के गुण—उत्तम किस्म के मूंगे को खरीदने के लिए निम्न प्रकार के गुण देखना आवश्यक है।

1. यह कोणदार होता है।
2. यह चमकदार होता है।
3. यह चिकना और फिसलने वाला होता है।
4. यह औसत से अधिक भारी होता है।

दोष—

1. जिस मूंगे में गड्ढा हो वह पति के लिए प्राण घातक सिद्ध होता है।

2. काले धब्बे से युक्त मूंगा पहनने से स्वास्थ्य क्षीण हो जाता है।

3. जिस मूंगे पर सफेद छींटे पाये जाते हैं वह मूंगा लक्ष्मी का नाश करता है।

4. राख के रंग का मूंगा पहनने से घर में चोरी होती है तथा अचाननक धन हानि होती है।

5. जिस मूंगे के शरीर में चूना दिखाई दे या जो टेढ़ा हो वह मूंगा धारण करने योग्य नहीं रहता है।

6. यदि मूंगा कटा हुआ हो तो ऐसा मूंगा पुत्र हानि करता है।

7. फटा हुआ मूंगा शरीर का स्वास्थ्य चौपट करने वाला होता है।

8. जिस मूंगे के अन्दर दो या उससे अधिक रंग हों वह मूंगा सुख सम्पत्ति को नष्ट करता है।

मूंगा और औषधि—आयुर्वेद में मूंगे का अत्यधिक प्रयोग किया जाता है।

(a) प्रवाल भस्म मस्तिष्क विकार और नाड़ी की दुर्बलता को दूर करता है।

(b) मूंगे को अंजन के रूप में भी प्रयोग किया जाता है।

(c) बवासीर में मूंगा अत्यन्त लाभकारी होता है। अगर पुराना बिगड़ा हुआ बवासीर हो तो मूंगे में डुबोये हुए पानी को महीने भर पीने से यह रोग जड़ से समाप्त हो जाता है। यदि हाथ में मूंगा धारण किया हो तो यह रात में पसीना आने से रोकता है।

मूंगे का प्रयोग—

मंगलवार को मेष या वृश्चिक राशि पर चन्द्रमा या मंगल हो तथा यदि उस दिन मृगराशि, चित्रा या धनिष्ठा नक्षत्र हो तो उस दिन प्रातः सूर्योदय से 10 बजे के बीच सोने की अंगूठी बनवायें व उसमें रत्न (मूंगा) जड़ित करायें। अंगूठी से मूंगा इस प्रकार जड़ित करायें कि मूंगा का निचला हिस्सा अंगुली को स्पर्श करता रहे। यह अंगूठी बाएं हाथ की मध्यमा अंगुली में पहनने से लाभ होता है।

प्रातः 11 बजे के बाद भौम यज्ञ करें, तांबे का त्रिकोण बनवाकर उस पर मंगल यन्त्र बनवायें फिर उस पर मुद्रिका रखकर षोडशोपचार पूजा कर मंगल यन्त्र से अभिषिक्त करें।

भौम यन्त्र इस प्रकार है।

औम अग्निर्मद्वादिवः ककुत्पत्तिः पृथिव्या अयम्।
अपाधूं रैताघृसि जिन्वतिः। भौमाय नमः॥

इसके बाद ब्राह्मण से "औम भौम भौमाय नमः" लघु मंत्रों की 700 आहुतियां दें तथा मूंगे को दान करें। इस प्रकार करने से भौम आधा शांत हो जाती है।

मूंगे का उपरत्न—

जो व्यक्ति मूंगा नहीं खरीद सकता है उसे मूंगे की मणि धारण करनी चाहिए जिसे विद्रुम मणि या संघ मुंगी कहते हैं। मूंगे की जड़ से जो शाखाएं निकलती हैं वे मूंगी कहलाती हैं। यह तौल में हलकी होती हैं। परन्तु जो गुण मूंगे के अन्दर विद्यमान होता है वह गुण इसमें मिल जाते हैं।

बुध रत्न—पन्ना

मुख्य भाषाओं के नाम—

1. **संस्कृत**—मरकत, पाचि, गुरुत्मत, हरिन्मणि, गरुडांकित गरतारि, सौपर्णि, गरुड़ोदूर्गार्णि, बुधरत्न आदि।

2. **हिन्दी**—पन्ना

3. **मराठी**—पांचू रत्न

4. **अंग्रेजी**—इमराल्ड (Emrald)

5. **बंगला**—पाना

6. **फारसी**—जमुईद

7. **गुजराती**—पीलू

8. **कन्नड़**—पाचिपलई

भौतिक गुण—कठोरता 7.75; आपेक्षिक गुरुत्व 2.69 से 2.80; वर्तनांक 1.57—1.58। नियमित षड्भुजीय आकृति। दुरावर्तन। अपकिरणन 0.014। पारदर्शक या पारभाषिक। द्विवर्णिता-हरा और नीला-सा हरा।

यह बैरुज जाति का होता है। पर इसमें जो एक विशिष्ट वर्ग या जाति पाई जाती है उसी को पन्ना कहते हैं। इसका रंग अत्यन्त प्रिय हरा होता है जो आंखों को मखमली घास के समान प्रिय लगता है। यद्यपि सोने के समान पीले रंग और गुलाबी रंग का पन्ना भी देखने को मिलता है, परन्तु यह पन्ने हलके किस्म के होते हैं। श्रेष्ठ पन्ना हरे रंग का होता है। इसमें पोटैशियम, सोडियम, लिथियम, शीशियम आदि क्षारीय तत्त्व होते हैं।

पन्ने में सबसे बड़ा गुण यह है कि इसे चाहे कितना ही गर्म किया जाये परन्तु यह तड़कता नहीं है। रत्नों की श्रेणी में इसका स्थान तीसरे स्थान पर आता है। निर्दोष और जाले रहित पन्ना लगभग प्राप्त नहीं होता है। यदि कहीं भाग्यवश मिल भी जाए तो उसका मूल्य लाखों रुपये तक आंका जाता है। अमेरिका के एक धनी सेठ के पास पन्ने का प्याला है जिसकी कीमत 27 से 30 करोड़, आंकी गई है। भारत में एक महाराजा के पास पन्ने का एक गिलास था, जिसका मूल्य उसके पूरे राज्य की कीमत से भी ज्यादा लगाया गया। जब उसके बेचने की स्थिति आई तो उसको खरीदने वाला कोई न मिला तब विवश होकर महाराजा को उस गिलास के टुकड़े-टुकड़े करके बेचना पड़ा।

पन्ने में सबसे बड़ा गुण यह है कि यह उत्तेजना और मादक भाव पैदा करता है। करोड़पति लोग पन्ने के गिलासों में शराब का आनन्द लेते हैं जिससे उन्हें शराब का नशा कई गुना प्राप्त होता है।

पन्ना अत्यन्त कोमल जाति का माना गया है। इसलिए पन्ने को अंगूठी में जड़वाते समय अत्यधिक सावधानी बरतनी पड़ती है। क्योंकि यह भंगुर रत्न है और जल्दी ही टूट जाता है।

पन्ने के रंग—पन्ना मुख्यत: 5 रंगों में पाया जाता है।

(अ) मयूर पंख जैसा

(ब) हरे पानी के रंग जैसा

(स) सरेस के पुष्प के रंग जैसा

(द) हलके शेन्डूल पुष्प के समान

(य) तोते के पंख के समान रंग वाला

हरे मखमली अनुपम मनमोहक रंग से पन्ना संसार के बहुमूल्य रत्नों की श्रेणी में आ गया है। कभी-कभी तो कोई निर्मल पन्ना हीरे से महंगा मिलता है। बनावट में यह अल्यूमीनियम और बेरीलियम का सिलीकेट है। सुनहला बेरुज, एक्वामेरीन और लाल रंग का रत्नीय पत्थर मारगानाइट भी बैरील परिवार के हैं और उनकी रासायनिक बनावट पन्ने के समान है। पन्ने में एक-दो प्रतिशत पानी भी होता है।

शुद्ध पन्ना 5-6 कैरेट से ज्यादा तोल का मिलना अत्यन्त कठिन है। अत: छोटे ही रत्नों से पन्ने के शौकीन लोगों को सन्तोष करना पड़ता है। पन्ना अगर चतुराई तथा आकर्षक रूप से कटा हो तो सभी का मन हर लेता है। यदि किसी आभूषण में पन्ने जड़े हों तो ऐसा लगता है कि उनकी हरी आभा खिलखिला कर हंस रही हो।

पन्ने में दोष होना अनिवार्य है। पन्ने के चुनाव में यही देखना होता है कि किस रत्न में कम से कम दोष हैं। क्योंकि माणिक्य और नीलम में उनका गहरा रंग प्राय: कटाई के बाद उनके दोषों पर परदा डाल देते हैं। परन्तु पन्ने के सम्बन्ध में ऐसा नहीं होता। पन्ना आंखों को शीतलता देने वाला रत्न होता है।

जो पन्ने पीत आभा लिये हुए होते हैं वे मूल्यवान नहीं होते। पन्ने के सर्वोत्तम रंग गहरे मखमली और घास के हरे रंग माने जाते हैं। एक उत्तम पत्थर की कांचमय चमक उसका सुन्दर मखमली रूप देती है।

पन्ने में मादकता कम होती है। और इतने मूल्यवान पत्थर के लिए इसकी कठोरता भी कम है। क्योंकि आपेक्षिक गुरुत्व भी कम है। अत: चन्द्र तोल में कम होता है। इसको आभूषणों में जड़ते समय बहुत सावधानी रखनी पड़ती है। क्योंकि पन्ने भंगुर होते हैं। इसलिए यह बहुत आवश्यक है कि इसकी मेखला बहुत पतली न काटी जाये। अच्छे रंग के रत्नों में द्विवर्णिता स्पष्ट कण से दिखाई देती है। पन्ना अधिकतर 'स्पेन काट' में काटा जाता है और अंगुलियों, ब्रोचों आदि के नगीने इसी काट में दिखाई देते हैं। परन्तु भारतीय कारीगरों में इसका एक 'केवोकोन' काट (Brilliant Cut) तथा पीछे जाल काट (Skep Cut) रूप के बनाये जाते हैं।

पन्ने का हरा रंग क्रोमिक ऑक्साइड के कारण होता है। कांच में यदि पन्ने में वर्तमान क्रोमिक ऑक्साइड की मात्रा मिला दी जाये तो उसका रंग भी हरा बन जाता है। पन्ने को गर्म करने पर उसका पानी उड़ जाता है। परन्तु उसका वैसा का

वैसा रंग रहता है। एसिडों का भी पन्ने पर कोई प्रभाव नहीं पड़ता है।

उत्पत्ति स्थान के अनुसार अन्तर

1. **रूस**—यहां की खानों में सभी प्रकार का माल पाया जाता है। परन्तु यह अमेरिका के मुकाबले में आकर्षक कम होता है तथा कठोर भी कम होता है। पानी भी कोलम्बिया पन्ने से कम होता है।

2. **अजमेर**—यहां के माल में जर्दी होती है। रंग भी आकर्षक होता है तथा पानी भी अच्छा होता है परन्तु कठोरता कम होती है।

3. **उदयपुर**—यहां का माल गहरे रंग का किन्तु चुरचुरा होता है। तथा पानी भी इसमें कम होता है।

4. **पाकिस्तान**—यहां भी पन्ने की खानें निकली हैं। इनका रंग बहुत गहरा तथा चुरचुरा होता है।

5. **अमेरिका** (कोलम्बिया)—यहां की खान का माल पुष्ट होता है। यहां का पन्ना बक्स के नाम से प्रसिद्ध होता है। यहां के माल का रंग व पानी सर्वोत्तम होता है। इस खान के किसी पन्ने में स्वर्ण मक्षिका भी पाई जाती है। पुरानी खान में जर्दी, रंग, पानी व लोच अधिक होता है। अधिकांश माल डलीनुमा होता है। नई खान का माल कलमनुमा होता है। इससे जर्दी कम होती है।

6. **अफ्रीका**—यहां का माल अधिकतर श्याम आभा लिए हुए और काले छींटे वाला होता है। बनवाते समय उसके बहुत छोटे-छोटे टुकड़े करने पड़ते हैं। व्यवहार में उसे बाटली भी कहते हैं। क्योंकि इसका रंग हरे व काले मिश्रित रंग वाली बोतल के समान होता है।

7. **ब्राजील**—यह बाजार में कुछ दिनों से आने लगा है। इसमें चीर काफी होती है तथा पीलापन भी काफी होता है।

8. **रोडेशिया**—रोडेशिया के नाम से जो पन्ना प्रसिद्ध है, इसकी खान अफ्रीका में है। इसका माल पानी में कुछ मोटा होता है। काले छींटे की बाटली के समान नहीं होते। रंग में श्याम आभा भी बाटली के मुकाबले में कम होती है।

9. **मिस्त्र**—मिस्त्र से पहले पन्ना आता था। वह पन्ना रंग का तो बहुत गहरा था। उसमें पानी तो होता था लेकिन उसमें चमक बिलकुल नहीं होती थी।

10. **सेन्डेवाना**—यह अफ्रीका के अन्दर विद्यमान है। यहां के पन्ने को सेन्डेवाना कहते हैं। इसका माल सर्वोत्तम माना जाता है। इसमें जर्दी और निम्मस पायी जाती है तथा रंग भी पुराने जैसा ही पाया जाता है।

11. **कोलम्बिया**—कोलम्बिया से एक नयी खरड़ आयी है जो ट्रिपेची के नाम से प्रसिद्ध है। इसकी बनावट कलियों की होती है। और कलियों को घिसकर बीच की गिरी का माल तैयार किया जाता है। उसमें पन्ने के दूसरे दोष बहुत कम मात्रा में पाए जाते हैं।

सर्वश्रेष्ठ पन्ना—जो पन्ना हरे रंग का, दड़कदार, चिकनापन लिए हुए पारदर्शक तथा उज्ज्वल किरणों वाला होता है वह पन्ना उत्तम माना जाता है। उत्तम पन्ना पानीदार और बिंदु रहित होना चाहिए।

जांच और परख

सच्चे पन्ने की पहचान—प्राचीन समय में पन्ने का नकली कांच होता था। किन्तु वैज्ञानिकों ने पन्ने का इमीटेशन निकाला है। कांच अत्यन्त सरलता से पहचाना जा सकता है।

1. कांच को हल्दी के साथ पत्थर पर घिसा जाएगा तो हल्दी लाल हो जाएगी।

2. कांच को चेसस फिल्टर (Eye Glass) से देखने पर पन्ना तो गुलाबी रंग का दिखता है पर कांच का रंग हरा ही रहेगा। किन्तु इमीटेशन को पन्ने के Eye Glass द्वारा देखने से पन्ने के समान दिखाई देगा।

3. टूट पर चमकीली घारियां होती हैं।

4. कांच में सफेद मुनके होते हैं।

5. इमीटेशन में जर्दी नहीं होती है।

6. इमीटेशन की चीर शीशे की चीर के समान होती है।

7. सच्चे पन्ने का रंग कृत्रिम प्रकाश में भी हरा दिखाई देगा।

8. इमीटेशन में असली पत्थर के दोषों में अन्तर होता है जो देखने से ही ज्ञात हो जाता है।

9. पन्ने को अगर पानी के गिलास में डाल दिया जाये तो पानी में से हरी किरणें निकलती दिखाई देंगी।

10. यदि औसत वजन से पन्ना अपने वजन में हलका प्रतीत हो तो वह पन्ना नहीं होता है।

11. सफेद वस्त्र पर पन्ना यदि थोड़ी ऊंचाई पर रखें तो वस्त्र का वह भाग हरा दिखाई देगा।

गुण—मुख्यतः पन्ने में निम्नलिखित गुण पाए जाते हैं:

1. पन्ना पारदर्शी होता है।

2. इसकी चमक तेजस्वी और आंखों को लुभाने वाली होती है।

3. पन्ना स्पर्श करने पर चिकना महसूस होता है।

4. इसके कटाव या कोण उत्तम कोटि के होते हैं।

5. इसका रंग गहरा हरा पर साफ होता है।

6. यह अन्य पत्थरों की अपेक्षा कोमल होता है।

पन्ने के दोष—पन्ने में मुख्यतः निम्नलिखित दोष पाए जाते हैं। अतः खरीदते समय इसको अच्छी तरह परख लेना चाहिए।

1. **गांजा**—मोटा पानी होता है।

2. **अभ्रकी**—अभ्रक के समान चमक वाली। यह वह पन्ना होता है जो अभ्रक के

साथ निकलता है जिसमें कुछ अभ्रक का भाग आ जाता है।

3. जिस पन्ने का रंग सोने के समान हो या जिसका मुंह पीला हो वह पन्ना सभी प्रकार से हानिकारक होता है।

4. जिस पन्ने में लाल छिद्र हो वह सुख-सम्पति नष्ट करने वाला होता है।

5. जिस पन्ने का रंग मधु के समान हो वह माता-पिता के लिए घातक होता है।

6. जिस पन्ने में पीले छींटे दिखाई दें वह पन्ना पुत्रों का नाश करता है।

7. जिस पन्ने में दो से अधिक रंग हों, वह पन्ना बल, वीर्य एवं बुद्धि को नष्ट करने वाला होता है।

8. जिस पन्ने में जाल-सा गुंथा हुआ हो वह पन्ना स्वास्थ्य के लिए हानिकारक होता है।

9. जिस पन्ने में चमक न हो ऐसा पन्ना सुन्न कहलाता है। ऐसा रत्न धनहानि कराने वाला होता है।

10. जो पन्ना खुरदरा हो तथा उसका रंग फटा हुआ हो वह पन्ना हानिकारक होता है।

11. जिस पन्ने में छोटी-छोटी धारियां दिखाई दें वह पन्ना वंश उन्मूलन करा देता है।

12. जिस पन्ने में गड्ढा हो उसे पहनने से व्यक्ति की अचानक दुर्घटना होती है।

13. जिस पन्ने में सीधी रेखा दिखाई दे वह लक्ष्मी का नाश करने वाला होता है।

14. जिस पन्ने में काले धब्बे दिखाई दें वह पन्ना स्त्री के लिए घातक होता है।

पन्ने का उपरत्न—पन्ने के तीन उपरत्न हैं।

(a) **संग पन्ना**—यह मोटा होता है। यह बीच में सफेद होता है, परन्तु किनारे गहरे हरे रंग के होते हैं।

(b) **पीत मणि**— यह चिकना होता है तथा हलके हरे रंग का होता है। तथा इस पर पीले या लाल रंग के छींटे होते हैं।

(c) **मरगज**—यह सफेद रंग का होते हुए भी हलकी-सी हरी झाई देता है।

जो व्यक्ति पन्ना नहीं खरीद सकता है, उसे बुद्ध ग्रह की शान्ति के लिए पन्ने का उपरत्न धारण करना चाहिए।

पन्ना धारण करने से उस व्यक्ति की चिंताएं व समस्याएं दूर हो जाएंगी, तथा लाभकारी वातावरण बन जाएगा। अतः बुध ग्रह की शान्तिु हेतु पन्ना या पन्ने का उपरत्न धारण करना चाहिए।

रोगों पर पन्ने का प्रभाव—पन्ना सौन्दर्य के साथ-साथ दवाई के रूप में एक महत्त्वपूर्ण औषधि है। यह शरीर के बल एवं सौन्दर्य को बढ़ाने वाला महत्त्वपूर्ण तत्त्व है। पन्ना बुखार, उल्टी, विष, बवासीर आदि में लाभदायक है। अनेक आयुर्वेदचार्यों तथा पंडितों ने तो यहां तक स्वीकार किया है कि विष पर इसका प्रभाव अत्यन्त अनुकूल होता है।

पन्ने को अगर इक्कीस दिन केवड़े के पानी में रखें और फिर उसे मलाई के साथ घिसकर खाने से प्रबल बुद्धि व वीर्य बढ़ता है।

पथरी, बहुमूत्र आदि रोगों में पन्ने की भस्म अचूक औषधि है।

पन्ने का प्रयोग—बुधवार के दिन हस्त, ज्येष्ठा या रेवती नक्षत्र हो, उस दिन सूर्योदय से 9 बजे के बीच सोने की अंगूठी में पन्ना रत्न जड़वाना चाहिए। उसके बाद सर्वतोभद्र चक्र बनाकर उस पर उस अंगूठी को रखें और "ओम ह्रां ह्री बुं ग्रहनाथ बुधाय नमः" मंत्र से अभिषिक्त करें।

तत्पश्चात् बुध की बाणवत् स्पंडिल बनावें और बुध मन्त्र से 4000 आहुतियां दें। बुध मन्त्र निम्नलिखित है—

ओम उद्बुध्यस्वाग्ने प्रति जागृहित्व निष्टापूते सघूं सृजेयामयेच।
भस्मिन्त्सधस्ये अध्युतरस्मित् विश्वे देवा यज्ञपानश्यसीदतः॥

पन्ने को सोने ही में प्रयोग करना श्रेयस्कर रहता है। अलग-अलग राशियों के लिए पन्ने का तोल भी विद्वानों ने भिन्न-भिन्न बताया है।

1. मेष : साढ़े चार रत्ती
2. वृष : तीन रत्ती
3. मिथुन : पांच रत्ती
4. कर्क : छः रत्ती
5. सिंह : छः रत्ती
6. कन्या : पांच रत्ती
7. तुला : तीन रत्ती
8. वृश्चिक : चार रत्ती
9. धनु : साढ़े चार रत्ती
10. मकर : पांच रत्ती
11. कुम्भ : पांच रत्ती
12. मीन : साढ़े चार रत्ती।

पन्ना खरीदते समय सावधानियां

(a) नकली पन्ने को लकड़ी पर रगड़ने से उसकी चमक ज़्यादा हो जाती है।

(b) कांच का पन्ना असली पन्ने की अपेक्षा भारी होता है।

(c) असली पन्ने को आंख के सामने रखकर सूर्य को देखा जाए तो ठंडक महसूस होती है, जबकि नकली पन्ने से गर्मी महसूस होगी।

(d) आजकल प्लास्टिक के भी नकली पन्ने बना दिए जोते हैं, अतः गर्म करने पर उससें सुई चुभोने से मालूम हो जाएगा।

(e) पन्ने में जाल की तरह रेखाएं होती हैं, जो खाली आंख से देखी जा सकती

हैं। इसको छिपाने के लिए जौहरी इस पर तेल लगाकर रख देते हैं। अतः व्यक्ति को कपड़े से पोंछ करके ही ध्यान से देखना चाहिए।

(f) कई बार तो चतुर तथा चालाक जौहरी विशेष यन्त्रों तथा मशीनों के माध्यम से हरे रंग का तेल इसमें पहुंचा देता है। इस समय पन्ने को अगर गर्म किया जाय तो तेल स्वतः ही बाहर निकल आएगा तथा उसकी असलियत का पता चल जाएगा।

गुरुरत्न-पुखराज

अन्य भाषाओं में नाम

1. **संस्कृत**—पुष्पराज, गुरुरत्न, गुरु वल्लभ, पुष्पराग, पीतमणि, पीतरक्त मणि, वाचस्पति-वल्लभ, आदि।
2. **अंग्रेजी**—टोपोज (Topaz)
3. **हिन्दी**—पुखराज, पोखराज
4. **गुजराती**—पीलूराज
5. **बंगला**—पोखराज, पुण्यराज
6. **पंजाबी**—फोकज
7. **कन्नड़**—पुष्पराज
8. **बर्मी**—आउटफिया
9. **फारसी**—याकूत

भारत में पीले रंग के कई स्फटिक पाये जाते हैं। परन्तु असली पुखराज भारतवर्ष में प्राप्त नहीं है। प्राचीन ग्रन्थों में पुष्पराज का वर्णन आया है। पर वहां भारत से अर्थ उत्तर एशिया लेना चाहिए। बनारस और जयपुर के जौहरियों के अलावा अन्य स्थानों के जोहरी पीतवर्ण स्फटिक को भारतीय पुखराज कहकर बेच देते हैं परन्तु यह अनैतिक है।

रत्न-परीक्षा में पुखराज की उत्पत्ति में बर्मा, सीलोन, आसाम, तुर्किस्तान, ईरान आदि देशों को बताया गया है। उड़ीसा में बहने वाली नदी में तो बिल्लोर पाये जाते हैं, वे असली पुखराज नहीं हैं बल्कि पुखराज के समान बिल्लोर जाति के रत्न हैं।

भारत के अतिरिक्त विदेशों में जहां पुखराज मिलता है, उनमें मुख्य स्थान निम्न हैं—

(a) **ब्राज़ील**—दुनिया में सबसे ज्यादा पुखराज यहीं से निकलता है और संसार में जो सर्वश्रेष्ठ पुखराज कहलाता है वह इसी स्थान से निकलता है।

(b) **यूराल**—यूराल के पर्वतों में भी पीले तथा सफेद रंग के पुखराज प्राप्त होते हैं।

(c) **बर्मा**—बर्मा से भी मध्यम श्रेणी के पुखराज प्राप्त होते हैं जो कि बर्मा के दक्षिण में तवाय नामक स्थान पर पाये जाते हैं। यहां के पुखराज अधिकतर सफेद रंग के होते हैं और कई बार यहां के सफेद पुखराज हीरे की तरह महसूस होते हैं।

(d) **सीलोन**—सीलोन की खानों से प्राप्त पुखराज सफेद, पीत तथा अन्य कई रंगों में होता है।

जवाहरातो में पुखराज मध्यम श्रेणी का रत्न माना जाता है। इसमें फ्लोरिन, अल्यूमिनियम तथा हाईड्रोक्लिनिक की मात्रा विशेष होती है। शुद्ध पुखराज रंगहीन होता है। कुछ अशुद्धियों के कारण पुखराज में रंग पाया जाता है। पुखराज पीले, भूरे, सलेटी, हलके नीले, हरे एवं बैंगनी रंग के भी पाये जाते हैं। सबसे श्रेष्ठ पुखराज पीले रंग का होता है। ब्राजील की एक खान में से गुलाबी रंग का पुखराज भी पाया जाता है। गुलाबी रंग के पुखराज प्रकृति की अनोखी देन हैं। गुलाबी रंग गर्मी में भी फीका नहीं पड़ता किन्तु अन्य दूसरे रंग गर्मी पाकर फीके हो जाते हैं।

भारत में पुखराज 5 रंगों में पाया जाता है।

1. केसर के रंग के समान
2. स्वर्ण के रंग के समान
3. सफेद
4. हल्दी के रंग के समान ज़र्द
5. नींबू के छिलके के समान।

गुलाबी रंग में अभी तक केवल 11 पुखराज ही मिले हैं, जिनकी कीमत हजारों में आंकी गई है।

रासायनिक बनावट की दृष्टि से पुखराज फ्लुओं सिलिकेट है। परन्तु इसकी वैज्ञानिक रचना के अनुसार इसमें फलोरिन तत्त्व 20.6 होना चाहिए जबकि इसकी मात्रा 15.5 ही है। इसमें उपस्थित जल की मात्रा फ्लोरीन कुछ कम हो जाती है। जल के अतिरिक्त कुछ दूसरी अशुद्धियाँ भी पुखराज में विद्यमान रहती हैं। यही कारण है कि प्रकृति से रंगहीन होते हुए भी यह जल जैसी स्वच्छ दशा में कम उपलबध होता है। पीले से लेकर शेरी-शराब की-सी आभाओं वाले पुखराज प्रचलित हैं। भूरे, सलेटी हलके नीले तथा हलके हरे रंग के पुखराज नहीं मिलते। भूरे से पीले रंग तक के अथवा हुक्के की चिलम में रखकर उसमें रेत अथवा मैग्नीशिया सरीखा वह पदार्थ भर दिया जाता है कि जिस पर गर्मी आदि से कोई रासायनिक प्रक्रिया नहीं होती, इसको सावधानी से गर्म करते रहने पर प्राकृतिक रंग निकल आएगा और ठंडा होने पर गुलाबी रंग प्रकट नहीं होगा। ठंडा होने पर वह पक्का हो जाएगा। श्रीलंका से प्राप्त पीला पुखराज गर्म करने पर रंगहीन हो जाता है। रूस में मिलने वाले हलके पीले, भूरे रंग के पुखराज का रंग धूप में रखा जाता है तो वह फीका हो जाता है। इसी कारण ब्रिटिश संग्रहालय में रूस से प्राप्त पुखराज ढंककर रखे जाते हैं।

मांगलिक पुखराज—भारतीय मान्यता के अनुसार श्रेष्ठ एवं मांगलिक पुखराज का वर्णन इस प्रकार है—

पुष्परागं गुरु स्निग्धं स्वच्छ स्थूल समं मृदु।
कर्णिकार प्रसूनायं मसृणं शुभनष्टधा॥

मांगलिक पुखराज 8 गुणों वाला होता है। हाथ पर रखने पर वज़नी (गुरु) हो, छवि उसकी स्निग्ध हो, स्वच्छ हो अर्थात् उसमें धब्बे न हों, दाना बड़ा (स्थूल)

हो, सम अर्थात् परतरहित हो, मुलायम हो, खिले हुए पीले कण्डीर के फूल की आभा सरीखी कसौटीं पर घिसने से अपना रंग और अधिक बढ़ा देता हो।

अग्राह्य एवं सदोष पुखराज के लिए बताया गया है—

निष्प्रभं कर्कशं कक्षं पीतश्यमं नतोन्नतम्।
कपिशं कपिलपाण्डू पुष्परागं परित्यजेत्॥

बनावट और प्राप्ति—पुखराज के रंग जानने के साथ-साथ उसकी बनावट जानना भी आवश्यक है क्योंकि रत्नों की मणिम रचना उसकी पहचान का एक आवश्यक वैज्ञानिक अंग है। अधिकांश रत्न रवे (Crystal) अथवा मणि रूप में मिलते हैं। रवा उस प्राकृतिक ठोस पदार्थ को कहते हैं जिसका एक नियत आकार होता है, जिसकी सब सतहें चिकनी और समतल होती हैं, और बनावट भी एक नियत रूप में होती है। यह बाहर से जिस आकार का दिखाई देता है, उसकी भीतरी बनावट उसी प्रकार की होती है। जो खनिज रवे नहीं होते उनकी भीतरी बनावट भी ऐसी होती है कि मानो खनिज की बाहरी आकृति से कोई वास्ता ही नहीं, यानि कि बाहरी व अन्दरूनी आकृति में रात-दिन का अन्तर होता है। फिर किसी खनिज का रवा एक स्थान पर जिस आकृति का पाया जाएगा संसार के किसी भी कोने में पाया जाने वाला उस खनिज का रवा उसी आकृति का पाया जायेगा। इसलिए रवे की आकृति उसकी पहचान तथा दूसरे प्रकार के रवों से भेद जानने का एक आवश्यक तत्त्व है।

आकृति की दृष्टि से खनिजों के रवे छः प्रकार के होते हैं—

पुखराज और हरितोपल (ओलिवीन) ऋजुतिर्यक समूह के रत्न हैं। इस समूह के रवों में तीन एक-दूसरे के साथ समकोण बनाते हुए, परन्तु असमान अक्ष होते हैं और रवे सामान्यतया प्रिज्म या त्रिभुज के आकार के होते हैं।

प्राप्ति—पुखराज प्रायः ग्रेनाइट, नाइस तथा पैग्मेराइट शिलाओं में मिलता है। इन शिलाओं में आग्नेय पदार्थ बिन बुलाये मेहमानों की तरह घुस जाते हैं और इन पदार्थों को निकलने वाली जल वाष्प तथा फ्लोरीन गैस की अन्तः क्रिया से वहां पुखराज बन जाता है। पुखराज के साथ, इन्हीं शिलाओं में टूर्मेलीन, स्फटिक, टंगस्टन आदि खनिज पदार्थ भी होते हैं, परन्तु पुखराज मणि तथा टिकाऊ होने के कारण इन शिलाओं से बहकर आये कंकड़ों की शक्ल में नदी पर भी मिल जाते हैं।

पुखराज का निखार—इसकी सुन्दरता को बढ़ाने के लिए इसको 'ज्वलंत' और 'जोत' काटों में काटा जाता है। बड़े टुकड़ों में कुछ नये फलक भी बनाये जाते हैं। मेखलायें इसकी अंडाकार, वृत्ताकार अथवा दीर्घवृत के आकार में बनाई जाती हैं।

सहज में चिरने वाला—पुखराज की सबसे बड़ी विशेषता है यह कि यह सहज ही चिर जाता है। त्रिपार्श्व के किनारे के समकोण पर पुखराज का चिराव आसानी से हो जाता है। पुखराज को काटते तथा उसको पहनते समय इस बात का ध्यान रखना चाहिए कि वह भाजन तल से न टूट जाए परन्तु कठोरता में यह हीरे तथा

कुरुन्दम वर्ग के (लाल व नीला) से कम है। इसलिए इसे खूब चमकाया जा सकता है। इसलिए इसकी अपनी एक निराली मसृण चमक होती है। द्विवर्णिता धुंधले पुखराजों में तो कम दिखाई देती है। किन्तु ज्यादा रंगीन पुखराजों में यह साफ होती है। पुखराज को रगड़ कर उसमें बिजली उत्पन्न की जा सकती है। इसको स्फुटताप विद्युत गुण कहते हैं। इस गुण में यह सभी रत्नों में केवल टूर्मेलीन से ही कम है।

पुखराज के गुण—पुखराज हाथ में लेने पर भारी मालूम होता है। रत्न-परीक्षा में और रस रत्न समुच्चय में श्रेष्ठ पुखराज के भिन्न गुण बताये गए हैं।

1. यह स्थूल होता है।
2. यह पारदर्शी होता है।
3. पुखराज भारी होता है।
4. स्पर्श करने पर यह चिकना महसूस होता है।
5. यह समता लिए हुए होता है।
6. इसका रंग पीले कनेर के रंग जैसा होता है।
7. पीताभ वर्ण होना चाहिए।
8. अमलतास के फूल जैसा रंग ही श्रेष्ठ है।

पुखराज के दोष—निम्नलिखित लक्षण पाने वाले पुखराज दोषयुक्त होते हैं यह हानिकारक होते हैं—

1. दूधिये रंग का पुखराज शरीर में शस्त्रभय की आशंका उत्पन्न करता है।
2. जिस पुखराज में खड़ी लकीर दिखाई दे वह बन्धु-बांधवों का संहार करने वाला होता है।
3. जिस पुखराज में चमक नहीं होती उसको सुन्न कहते हैं। ऐसे पुखराज स्वास्थ्य के लिए हानिकारक सिद्ध होते हैं।
4. लाल छींटों से युक्त पुखराज धन-धान्य का नाश करने वाला माना गया है।
5. जिस पुखराज में काले छींटे दिखाई दें वह गृहस्थ जीवन के लिए हानिकारक होता है।
6. जिस पुखराज में खड्डा दिखाई दे, वह लक्ष्मी को मिटाने वाला होता है।
7. जिस पुखराज में जाल हो वह सन्तान के लिए बाधाकारक माना गया है।
8. सफेद पुखराज मृत्युकारक माना गया है।
9. दो रंगों वाला पुखराज रोग-वृद्धि का कारण होता है।

उत्तम जाति का पुखराज वह कहलाता है जो तेजयुक्त हो तथा चिकना हो। यदि पुखराज तेजहीन, खुरदरा, सूखा और विषमकार हो तो ऐसे पुखराज को निकृष्ट श्रेणी का समझना चाहिए।

सफेद पुखराज भारत में पाया जाता है, अतः कई बार तो पुखराज व हीरा में भ्रम पैदा हो जाता है। हीरे और पुखराज में सबसे महत्त्वपूर्ण अन्तर यह है कि पुखराज हीरे से कम कठोर होता है।

पुखराज की सबसे बड़ी विशेषता यह है कि इसकी विद्युत्मयता होती है। यदि पुखराज को ऊनी कपड़े पर घिसें तो रात में विद्युत रश्मि-सी दिखाई देती है। ऊन तथा पुखराज के घर्षण से जो विद्युत कण निकलते हैं उसे ही इसकी विद्युत्मयता का गुण कहा गया है।

पुखराज की परीक्षा

(a) गोबर में पुखराज रगड़ने से उसका रंग मटमैला न होकर और भी ज़्यादा चमकने लगे तो पुखराज असली या श्रेष्ठ समझना चाहिए।

(b) यदि इस पर चोट मारी जाये तो यह एक दिशा में टूटेगा। अन्य ओर से नहीं टूटेगा।

(c) सफेद कपड़े पर पुखराज रखकर सूर्य की धूप में देखें तो कपड़े पर पीली झाईं सी दिखाई देती है।

(d) दूध में पुखराज को 24 घण्टे रखने के बाद भी यदि उसकी चमक में किसी भी प्रकार की क्षीणता न आवे तो उसे असली पुखराज समझना चाहिए।

(e) जहरीला जानवर जिस स्थान पर काटे उस स्थान पर पुखराज घिसने से जहर का असर कम होने लगेगा।

(f) यदि पुखराज को अत्यधिक गर्म किया जाये तो वह नितांत श्वेत वर्ण हो जायेगा।

पुखराज के उपरत्न—जो व्यक्ति किसी कारणवश पुखराज को खरीदने में असमर्थ होता है तो उसे पुखराज का उपरत्न खरीद लेना चाहिए। पुखराज के मुख्य पांच उपरत्न हैं।

1. केरू—केरू चीन, बर्मा आदि देशों में पाया जाता है। इसकी विशेषता यह है कि इसके टूटने पर कपूर की-सी सुगंध निकलती है।

2. घीया—यह हलके पीले रंग का होता है। तथा यह ज्यादातर ईरान में पाया जाता है। यह अत्यन्त हलका होता है।

3. केसरी—इसका रंग केसर के समान होता है। यह रत्न गंडक नदी के आस-पास आसानी से प्राप्त हो जाता है। यह वज़न में भारी तथा हलकी चमक वाला होता है।

4. सोनल—इस उपरत्न में सफेद, पीली किरणें दृष्टिगोचर होती हैं। यह ज्यादातर लंका या काबुल में पाया जाता है।

5. सोनेला—यह चमकदार, चिकना तथा सफेद रंग का होता है। यह ज़्यादातर हिमालय में पाया जाता है।

चिकित्सा और पुखराज—पुखराज शरीर-सौन्दर्य ही नहीं बढ़ाता बल्कि यह मनुष्य की बीमारी को दूर करने में भी महत्त्वपूर्ण योगदान देता है।

1. हड्डी का दर्द, खांसी, बवासीर आदि में पुखराज की भस्म श्रेष्ठ मानी जाती है।

2. पीलिया, एकान्तिक ज्वर आदि में शहद के साथ पुखराज घिस कर खिलाने से लाभ होता है।

3. तिल्ली, गुर्दा आदि रोगों में यदि पुखराज को केवड़े के जल में घोटकर पिलाया जाये तो विशेष लाभ होगा।

4. रत्न चिकित्सा में श्वेत पुखराज का प्रयोग करना चाहिए और अल्कोहल में पुखराज की गोलियां बना लेनी चाहिएं। पित्त, रक्त-स्राव, रक्तचाप, जले हुए घाव, हैजा, कूकर खांसी, पेचिश दिल की धड़कन आदि में ये गोलियां विशेषकर लाभदायक हैं।

5. यदि मुंह से दुर्गन्ध आती हो तो पुखराज को मुंह में रखने मात्र से दुर्गन्ध दूर हो जाएगी तथा पुखराज को मुंह में रखने से दांत मज़बूत होते हैं एवं वह मुंह से सुगन्ध आती है।

किस व्यक्ति को पुखराज पहनना चाहिए

1. जिसकी जन्म-कुण्डली में गुरुकारक ग्रह हो उसे पुखराज धारण करना चाहिए।

2. यदि जन्म-कुण्डली में गुरु पांचवें, छठे, आठवें या बारहवें भाव में हो तो पुखराज पहनना चाहिए। जिसकी जन्म-कुण्डली में मकर राशि पर गुरु हो उसे भी पुखराज धारण करना शुभ रहता है।

3. धन और मीन लग्न वाले को पुखराज अवश्य पहनना चाहिए।

4. बृहस्पति की अन्तरदशामें भी पुखराज धारण करना श्रेष्ठ माना गया है।

5. यदि गुरु उत्तम भाव का स्वामी होकर अपने भाव से छठे या आठवें भाव में स्थित हो तो विद्वान उसे पुखराज धारण करने की सलाह देते हैं।

6. पुखराज धारण करने से पाप विचारों से मुक्ति मिलती है, कायरता समाप्त होती है। बुद्धि बढ़ती है तथा पागलपन की शान्ति होती है। सबसे बड़ी विशेषता यह है कि पुखराज आकस्मिक मृत्यु की सम्भावना को दूर करता है।

7. यदि लड़की का विवाह नहीं हो रहा हो या विवाह होने में अनावश्यक विलम्ब हो रहा हो तो पुखराज धारण करने से मनोवांच्छित कार्य सिद्ध हो जाता है।

पुखराज का प्रयोग—गुरुवार को पुष्य नक्षत्र हो, उस दिन प्रातः सूर्योदय से 11 बजे तक सोने की अंगूठी में पुखराज जड़वाने तथा पट्टी-सा आकार गुरु का स्पंडल बनाकर उस पर चने की दाल का अष्टमण्डल बनायें। उस पर कलश स्थापना करें एवं गुरु मन्त्र से अभिषेक करें। गुरु मन्त्र निम्न लिखित है।

ओम वृहस्पते अतियद्ययो अर्हाधुमद्विमातिक तुमज्जनेषु।
यदीद्यच्छवस ऋतप्रजा ततदस्मा क्षुद्रषिण धेहि चित्रम्॥

इसके बाद 'ओम एं श्री बृहस्पतये नमः' मन्त्र से 4500 आहुतियां दें एवं बाद में अँगूठी में गुरु प्राण-प्रतिष्ठा करें।

यह अंगूठी विशेष रूप से तर्जनी में या कनिष्ठिका में धारण करनी चाहिए। यथा सम्भव इसके लिए दाहिने हाथ का ही उपयोग करना चाहिए।

जन्म कुण्डली में गुरु जिस राशि में हो उस राशि के अनुसार पुखराज का तोल होना चाहिए।

1. मेष—6 रत्ती	7. तुला—8 रत्ती
2. वृष—5½ रत्ती	8. वृश्चिक—6 रत्ती
3. मिथुन—4 रत्ती	9. धनु—11 रत्ती
4. कर्क—12 रत्ती	10. मकर —9 रत्ती
5. सिंह— 12 रत्ती	11. कुम्भ—9 रत्ती
6. कन्या—5 रत्ती	12. मीन—11 रत्ती

पुखराज का प्रभाव 4 वर्ष 3 माह 10 दिन रहता है। इसके बाद पुनः प्रतिष्ठा करनी चाहिए।

शुक्र रत्न—हीरा

मुख्य भाषाओं में नाम

1. **संस्कृत**—हीरक, वज्र, भागर्व-प्रिय, मणिवर, पवि, अभेद्य, कुलिष, विद्युत, अर्क भिदुर आदि।

2. **हिन्दी**—हीरा

3. **अंग्रेजी**— डायमण्ड (Diamond)

4. **अरबी**— अलयास

5. **मराठी**—छोटा हीनरा

6. **बंगाली**—हीरक

7. **कन्नड**—वज्र

भौतिक गुण—कठोरता—10, आपेक्षित गुरुत्व—3.15 से 3.53 तक, वर्तनांक—2.417 से 2.465 तक (लाल प्रकाशों में 2.402, पीले में 2.4175, हरे में 2.427 तथा बैंजनी में 2.465), बनावट में यह शुद्ध रवेदार कोयला है। इसमें काई पदार्थ नहीं होता है। पूर्ण ज्वलन के पश्चात् कार्बन डाईऑक्साइड गैस बनती है।

अजेय और अनुपम—अपने अनुपम गुणों के कारण हीरा केवल खनिजों और रत्न पदार्थों में ही नहीं, अपितु संसार भर के सभी ज्ञात पदार्थों में अपना सानी नहीं रखता। देवताओं के राजा इन्द्र की मात्र अजेय शक्ति वेदों में वर्णित 'वज्र' ही है। चमचमाती चकाचौंध बिखेरती बिजली घने से घने काले स्याह बादल को फाड़कर तपती पृथ्वी और उस पर रहने वाले प्राणी के ताप दूर करने के लिए जल धाराओं का प्रवाह बहा देती है। हम कहते हैं कि महाराजा इन्द्र ने 'वज्र' की चोट से वृत्रासुर का वध किया था। कहते हैं कि जब वृत्रासुर को इन्द्र किसी भी शस्त्र से नहीं काट सके तो वर्षों से कठोर तप से तपकर खूब पक्की और मजबूत बनी हुई महर्षि दधीचि की हड्डियां उनसे मांगकर जो शस्त्र महाराजा इन्द्र ने बनाया उसी से उसने वृत्रासुर को काट गिराया और इस शस्त्र का नाम रखा गया था—'वज्र'। इन्द्र का वज्र अजेय है, अकाट्य है, अनुपम है। वेद में वर्णित 'वज्र' कहीं सेनापति के अजेय शस्त्रास्त्रों का समूह है। कहीं वह सूर्य की प्रखर किरणें हैं, कहीं वह अज्ञान के घने अन्धकार को काटने वाली ज्ञान के प्रकाश की जाज्वलायमान ज्वालायें हैं। खनिज के रूप में पाये गये हीरे इन्हीं गुणों को देखकर ही शब्द-शास्त्र के पंण्डितों ने भाषाओं की जननी देव-भाषा संस्कृत में हीरे का नाम 'वज्र' रखा। फिर अंग्रेज़ी शब्द 'डायमण्ड' भी लैटिन शब्द 'एडमास' से बना है और एडमास का अर्थ भी 'अजेय' होता है।

रत्नों का सरताज क्यों

रत्न कहना सिर्फ पदार्थ का ही गुण नहीं है बल्कि मनुष्य को भी हम उसके आकर्षक गुणों के कारण 'रत्न' कहने लगते हैं। प्राचीन काल में महाराजा अपने दरबार में अपनी प्रजा में से उच्चतम कोटि के कलाकारों को चुनकर रखते थे और वे उनके रत्न कहे जाते थे, जैसे कविवर कालिदास आदि।

खनिज पदार्थों में रत्न वे कहलाते हैं जिनमें तीन विशेष गुण उपलबध हों। (1) सौन्दर्य (2) दुर्लभता (3) टिकाऊपन। सौन्दर्य-नेत्र के लिए आकर्षक होना किसी भी रत्न का प्रथम गुण माना जाता है। परन्तु यदि कोई पदार्थ शीघ्र ही घिस जाये या टूट-फूटकर बिखर जाये, वह कितना ही सुन्दर क्यों न हो संग्रह करने योग्य नहीं होगा। फिर यदि सुन्दर भी हो और टिकाऊ भी हो पर वह साधारणतया या सरलता से सभी को मिल जाये तो भी उसको संग्रह करने की तमन्ना मन में नहीं रहेगी।

दुर्लभ तो बड़े माणिक्य भी हैं। और वे हीरे से अधिक दुलर्भ हैं। निर्दोष पन्ना हीरे से अधिक मोल का होता है। स्फीन (Sphene) में हीरे से अधिक 'ज्वाला' होती है।—परन्तु अपने सर्वोपरि सौन्दर्य, टिकाऊपन (कठोरतम होने के कारण), दुर्लभता, इधर-उधर ले जाने की सुगमता और प्रचलन (फैशन) के कारण हीरा सब रत्नों का सरताज बन गया है।

सुलभ भी, दुर्लभ भी—हीरे का यह निरालापन है। भूमि के गर्भ से निकालकर रखे जाने वाले हीरों की कमी नहीं है। हर वर्ष 5 टन हीरे संसार में निकाले जाते हैं। कोई भी दूसरे मूल्यवान रत्न इतनी मात्रा में नहीं निकाले जाते। परन्तु इतनी मात्रा के हीरे अधिकांशतः नीरस, धूमिल काले, प्रायः अपारदर्शक होते हैं। ये केवल उद्योगों में घिसने में काम लिए जाते हैं। बहुत कम हीरे ही शुद्ध भूमि से से बाहर प्राप्त होते हैं।

दूसरे रत्न का सौंदर्य बढ़ाने वाला—हीरा स्वयं तो महान् है ही, यह जिस किसी को छू देता है उसको अधिक रोचक और सुन्दर बना देता है यानी बहकर आयी किसी लकड़ी के टुकड़े पर पन्ना अथवा पुखराज रखिए तो पन्ना स्वयं दहक उठेगा, और पुखराज स्वयं सूर्य के समान चमकदार हो उठेगा, परन्तु हीरे को उस काष्ठ-खण्ड पर रखिए तो वह काष्ट-खण्ड अधिक श्वेत, अधिक सुहावना, रवेदार और अधिक विशुद्ध दिखाई देगा। किसी बूढ़े के निस्तेज हाथों में गया हीरा उसको साहस प्रदान करता है। छोटे-छोटे जड़ाऊ हीरों को अपने साथ जुड़े हुए दूसरे प्रत्येक रत्न का रुतबा बढ़ाने में मानो आनन्द आता हो।

परम हठी, अभिमानी और कठोर—हीरे जहां दूसरे रत्नों के प्रति उदार हैं, वहीं स्वयं बड़ा हठी और अभिमानी है। खान से निकलने वाली हीरे की अष्टकोण अथवा षट्कोण खरड़ अपनी ही सजातीय पदार्थ की एक झिल्ली में लिपटी होती है। हीरे की जाति को पहचानने के लिए पहले उस झिल्ली को हटाना पड़ता है।

उसके बाद उस पर पॉलिश करके चमकाया जाता है।

यह श्रेय भारत ही को प्राप्त है कि हीरे जैसे कठोर और अभिमानी का मिजाज़ उसी के कणों द्वारा पॉलिश करके ठीक किया जाता है। सबसे पहले भारतीय कारीगरों ने हीरों के टुकड़ों से हीरे को घिसकर अच्छी बनावट के नग बनाने की पद्धति का आविष्कार किया। भारत में निर्दोष हीरों को नहीं काटा जाता। भारत को इस बात का गर्व होना चाहिए कि जब पाश्चात्य देशों में आधुनिक सभ्यता का उदय भी नहीं हुआ था। उससे काफी समय पूर्व ही इस देश में हीरों का उद्योग विद्यमान था और हर प्रकार के परिष्कृत हीरों का यहां से निर्यात किया जाता था। मध्यकाल में यह उद्योग भारत में चरमोत्कर्ष पर था। क्योंकि मुगल बादशाहों का हीरों के प्रति आकर्षण बहुत अधिक था।

वृहत्संहिता में बताया जाता है कि वज्र (हीरा) मरकत, इन्द्रनील, रुधिर, पुलक, स्फटिक, करकेनतलाल, वैदूर्य, वलक, राजमणि, चन्द्रकान्त, सौगंधिक, गौमदेव, शंख, महानील, पुष्पराग, ब्रह्ममणि, ज्योतिरस, मोती, मूंगा शस्यक इनको रत्न कहते हैं। बेरूत नदी के किनारे पर ही शुद्ध हीरा उत्पन्न होता है। शिरीष फूल के समान हीरा कोशल देश में उत्पन्न होता है। लाल रंग का हीरा केवल सौराष्ट्र देश में उत्पन्न होता है। काले रंग का हीरा सूरपाटक देश में उत्पन्न होता है। हिमवान पर्वत पर उत्पन्न हुआ हीरा कुछ लाल रंग का होता है। बल्ल के फूल के समान हीरे का नाम मातगंज है। कुछ पीले रंग का हीरा कलिंग देश में उत्पन्न होता है। पौण्डु देश में उत्पन्न हुआ हीरा श्याम रंग का होता है। छः कोणों वाले हीरे का देवता इन्द्र है। शुक्ल वर्ग हीरे का यम देवता हैं। सर्पाकार मुखवाले, काले, पीले ओर नीले रंग वाले हीरे के विष्णु देवता है। स्त्री के भग के समान हीरा वरुण होता है यह कर्णिकार पुण्य के समान होता है। सिंघाड़े के समान हीरे के देवता अग्नि हैं। अशोक के फूल के समान रंग बाले या जौ के समान समस्त हीरों का नाम वायव्य है। नदी आदि के प्रवाह, खान और इधर-उधर भूमि से प्राप्त—यह तीन स्थान हीरों की उत्पति के हैं। लाल और पीले रंग का हीरा क्षत्रियों को लाभकारी होता है। श्वेत रंग का हीरा ब्राह्मणों को शुभकारी है। हरे रंग का हीरा वैश्यों को और खंग के समान नीले रंग का हीरा शूद्रीं को फलदायी होता है।

बनावट—जो हीरा किसी वस्तु से न टूटे वह श्रेष्ट होता है। रासायनिक बनावट में हीरा शुद्ध कार्बन होता है। इसमें किसी दूसरे प्रकार के रासायनिक मिले हुए नहीं होते हैं। इसको जलाने पर सारा का सारा कार्बनडाई ऑक्साइड गैस बनकर उड़ जाता है। कुछ भी शेष नहीं बचता। रंगीन हीरों को जलाने पर कुछ शेष बच जाता है। हीरों पर अम्लों का कोई असर नहीं होता है।

प्रकृति से प्राप्त हीरे का रूप—खानों से हीरा घनाकार आठ या बारह पहलों का मिलता है। भारतीय हीरा आठ तिकोने पहलों का और ब्राजील का समानान्तर असम चतुर्भुजीय (चौकोर) बारह पहलों वाला होता है। तिकोने पहलों को सूक्ष्म-दर्शक यन्त्र की सहायता से ही देखा जा सकता है। वे तिकोने निशान व गडढे दीख

पड़ते हैं। और इनके किनारे और शिखर पर उस पहल के किनारों व शिखर से उलटी दिशा में होते हैं जिस पर कि ये स्थित होते हैं। चौकोर पहलों के लम्बे कर्ण के समानान्तर पट्टियाँ या धारियाँ होती हैं। कुछ-कुछ गोल होते हैं। यह विशेषता इसकी पहचान में बहुत सहायक होती है।

हीरे प्रायः सभी बिजली के कुचालक होते हैं—रगड़ने पर सतह पर धन विद्युत का आवेश उत्पन्न होता है। परन्तु हीरा ताप को सुगमता से गुजरने देता है। इस कारण छूने पर ठंडा लगता है। अंगुली का ताप आगे खिसक जाता है।

हीरा सबसे कठोर पदार्थ होता है। इसको कोई पदार्थ न खुरच सकता है, न घिस सकता है। अलग स्थानों में हीरों में कठोरता कम अधिक होती है। बोर्नियो तथा आस्ट्रेलिया के हीरे अफ्रीकी हीरों से अधिक कठोर होते हैं। अफ्रीका में कुछ हीरे ऐसे भी प्राप्त हुए हैं जो अन्य हीरों से अधिक कठोर होते हैं। हीरे की कठोरता की एक अजीब बात है कि एक हीरा कहीं से अधिक कठोर और कहीं से कम कठोर होता है।

सरलता से चिरने वाला—हीरा सर्वाधिक कठोर होते हुए भी अपने पहलों के समानान्तर तलों पर आसानी से चिर जाता है। कठोरता के कारण विश्वास तो यह है कि हीरे को तोड़ा नहीं जा सकता है। फिर कठोरता के होते हुए भी यह हाथ से फर्श पर गिरने पर टूट जाता है। यह बहुत अधिक भंगुर है। कहते हैं कि किसी विश्वास के आधार पर दक्षिण अफ्रीका से प्राप्त एक नमूना व्यर्थ हो गया। लोहार ने उसे हथोड़े की चोट देकर परीक्षा की, वह बिखर गया।

एक प्राचीन मान्यता के अनुसार हीरे को यदि बकरी के ताजे गर्म दूध में डूबोकर रखा जाये तो इसको सहज ही तोड़ा जा सकता है। तुलसीदास ने अयोध्या काण्ड में लिखा है:—

सब सिया राम प्रीति किसि मूरति। जनु करुना वहु वेष विसूरति॥
सीय मातु कह विधि वुधि बाँकी। जोहि पय फेने कोरि पवि टाँकी॥

इससे यह ज्ञात होता है कि उस युग में हीरे को तोड़ने के लिए (शायद बकरी के दूध) की झागों की लाग लगा देते हों परन्तु आज-कल इसकी परीक्षा कोई नहीं करता है।

हीरा जल जाता है—ऑक्सीजन भरे शीशे के बर्तन में हीरे को रखकर यदि उस पर आतशी शीशे द्वारा सूर्य की किरणें केन्द्रित की जाएँ तो वह जल उठता है। सन् 1816 में इसको सर हम्फ्री डेवी ने सिद्ध कर दिया था।

रंग—प्रकृति में हीरे का मणिम बहुधा सर्वत्र निर्मल तथा पारदर्शक मिलता है। इसकी सतह ज्वलन्त चमकीली होती है। जिसको हीरक-द्युति 'पहली आव' कहते हैं और जिसमें कुछ पीलापन हो उसकी उतनी कीमत नहीं लगती। हां, थोड़ा-सा नीलापन लिए रंगहीन तथा पारदर्शक हो तो उसका मूल्य सबसे अधिक आंका जाता है। हरे आकार वाले हीरे भी मिलते हैं। माणिक्य तथा नीलम सरीखे

आकर्षक रंग वाले हीरे नहीं मिलते। प्राचीन ग्रन्थों में रंगों की दृष्टि से हीरे 8 प्रकार के पाये जाते हैं।

1. अत्यन्त सफेद
2. पीत हरा
3. श्यामल
4. कमलासन
5. तेलिया
6. वानस्पतिक हरे रंग के
7. गेंदे के व वासंती रंग के और
8. नीलकण्ठ से नीले रंग के।

हीरा इतनी रोशनी फेंक सकता है कि उससे आप किताब पढ़ सकते हैं। एक परीक्षा नली में हीरा रखकर वायु निस्सारक यंत्र द्वारा उसकी वायु निकाल दीजिए और परीक्षा नली में विद्युत धारा प्रवाहित कर दीजिए। अब उस हीरे में से इतना अधिक प्रकाश निकलेगा कि आप किताब आसानी से पढ़ सकते हैं।

प्रकाश की किरण का अपकिरण भी होता है। अर्थात् प्रकाश की श्वेत किरण पदार्थ में से निकलते समय सात रंगों की कीरणों में बंट जाती है। यह इन्द्रधनुषी चमक या रंगदीप्ति (Irrdesence) कहलाती है। हीरे में अपकिरण बहुत अधिक मात्रा में होता है।

क्ष-किरणों में हीरा पारदर्शक होता है। नकली हीरे पारदर्शक नहीं होते। इस प्रकार किरण से असली-नकली की पहचान हो जाती है।

हीरे को अगर पानी में डुबो दिया जाये तो भी इसकी चमक वैसी ही रहेगी जितनी कि हवा में रखने पर थी। इसी कारण हीरा जल ब्रामो फार्म मिथाईलीन आयोडाइड में डूबने पर उत्कृष्ठ हीरा द्रव की नली से बहुत अधिक उपर उठा हुआ दिखाई देगा। संश्लिष्ट कटे किज आदि कम बर्तन वाले खनिज पर्दाथ द्रव में डुबोने पर न तो इतने उभरे हुए दिखाई देते हैं और न ही इतनी चमक होती है।

जब हीरा-मिली तलछट में पानी मिलाकर उसको बहाया जाये तो हीरे के छोटे-छोटे कण पानी में तैरते दिखई देंगे। इसका एक कारण यह है कि एक तो हीरा जल किरोधी या जल हेवी (Hydrophobic) है। और फिर पृष्ठ तनाव (Surface Tension) हीरे के तैरने में सहायक होता है। तल स्नेही तलछट नीचे बैठ जाती है।

शुद्ध हीरा—जो हीरा बहुत हलकी नीली झाईं लिए हुए रंगहीन, स्वच्छ हों या नीली और लाल किरणें छोड़ता हुआ रंग-हीन हो तथा उसमें किसी प्रकार के काले या अन्य रंगों के धब्बे न हों वह शुद्ध हीरा कहलाता है। एक अन्य ग्रन्थ के अनुसार शंख के सामन सफेद अथवा बिल्लोर के समान चमकता, चन्द्र के समान रोचक व चिकना हीरा सर्वोत्तम रंग का माना जाता है। चारों ओर लाल किरणें फेंकता हुआ सफेद हो अथवा लाल-पीला, सफेद अथवा खरगोश की आंखों के रंग जैसा हो, वह दूसरे दर्जे का हीरा माना जाता है। काली झाईं वाला हीरा शूद्र वर्ग का माना जाता है। वैसे ये सभी शुद्ध हीरे हैं।

काट-बनावट व शृंगार—खान के अन्दर से निकलते समय हीरा इतना सुन्दर नहीं होता तथा आकर्षक भी नहीं होता है। कई बार मणिम का थोड़ा-सा भाग भी पारदर्शक निर्मल तथा अच्छे रंग का होता है। ऐसे रत्नों को ठीक प्रकार से काटकर

अनीक बनाने पर उनका मूल्य कई गुना बढ़ जाता है। भिन्न-भिन्न प्रकार की काटों का वर्णन हम पहले कर चुके हैं।

हीरे को काटने के लिए आजकल ज्वलंत काट (Brilliant) का प्रयोग होता है। इससे पहले हीरा पटल काट, गुलाबी काट, खदान काट, आदि में काटा जाता रहा, ज्वलन्त काट का उदय बाद में हुआ। इस काट सें हीरे में अनोखी चमक और दमक आ जाती है। ज्वलन्त काट वाले रत्नों में पटल अनीक (ऊपर की) तथा कुलेट अनीक (नीचे की)। अनीक के अतिरिक्त 56 अनीक का मेखला के साथ कोण 35° से 37° और कुलेट अनीक के साथ 42° का कोण होता है।

विश्व के प्रसिद्ध हीरे

1. कोहिनूर—संसार का सर्वश्रेष्ठ हीरा कोहिनूर को माना गया है। कोहिनूर महाभारत के नायक कर्ण के पास से घूमता-घूमता बाबर से होता हुआ महारानी विक्टोरिया के पास आकर विश्राम कर रहा था। इसका आरम्भिक तौल 785 केरेट था। और अब यह केवल 102 केरेट का ही रह गया है। इसका जो नमूना लन्दन टॉवर में रखा गया है, उसका मूल्य 21 लाख रुपया आंका गया है। कहते हैं कि जिस के पास यह कोहिनूर रहा है वह सर्वदा अजेय और सौभाग्यशाली रहा है।

2. हार्लफ—कुछ लोगों के अनुसार यह कोहिनूर का ही टुकड़ा है। यह कावेरी नदी से निकला हुआ हीरा है तथा वहां से नादिर शाह के पास होता हुआ रूस में पहुँचा था। अभी यह रूस के सम्राट के छत्र में जड़ित है।

3. होप—यह भी एक शानदार हीरा है। सबसे पहले यह, कोल्हार खान से टेवेरमियर ने इसे प्राप्त किया था और इसका नील वर्ण होने से अधिक मूल्य आंका गया है। उसने पुरन्दर के राजा को बेच दिया। और उसके बाद यह आजकल फिलिप के पास है। इसकी कीमत 36 लाख से भी ज्यादा है।

4. पिंट—पिंट मद्रास के गवर्नर थे। उन्होंने सबसे पहले इसे 20 हजार पौंड में खरीदा था और वहां से यह हीरा लुई 15 वें के पास जा पहुँचा। कुछ समय तक यह नैपोलियन के पास भी रहा और आजकल यह हीरा भी ब्रिटिश राज्य में सुरक्षित है। इसका तोल 410 कैरेट कटकर 136.9 कैरट है।

5. कलीनन—यह हीरा संसार का सबसे बड़ा हीरा है जो कि ट्रांसवाल की खान से निकाला गया है। इस समय यह भी ब्रिटिश राज्य में है।

6. सैंसी—सन् 1477 ई0 में एक लुटेरे सिपाही ने चार्ल्स बहादुर के शव से छीना था। सैंसी ने प्राप्त कर 16 वीं शती के अन्त में महारानी एलिजाबेथ को बेचा। 1695 में जेम्स द्वितीय ने 14 वें लूई को बेचा। 1791 में तौल 53.75 कैरट थी। फ्रेंच राज मुकुट के रत्नों के साथ चोरी चला गया—फिर नहीं मिला।

7. शाह—दीर्घाचित अष्टानिक आकार का आबदार 88.7 कैरेट तौल का हीरा। 1843 में रूस के जार निकोलस की सम्पत्ति बना।

8. नासक—आरम्भ में नासपाती के आकार का 89.25 कैरेट तौल का, अब 78.6 कैरट तौल का तिकोना हीरा दक्षिण भारत की एक लूट में अंग्रेजों को मिला था। अब शायद वेस्ट मिनिस्टर के ड्यूक के वंशजों के पास है।

9. पिगीट—इसका तौल 47.5 कैरेट है। 1775 में लॉर्ड पिगीट इंग्लैण्ड ले गया। बाद में मिश्र के शासक अलीपाशा के अधिकार में रहा। उसकी मृत्यु के बाद नष्ट कर दिया गया।

10. यूजेनी—नेत्राकर्षक हीरा है। रूस की साम्राज्ञी से चल कर, नैपोलियन के पास होता हुआ बाद में बड़ोदा के महाराजा की सम्पत्ति बन गया।

11. ड्रेस्टन—ये हरे सेब का रंग जैसा होता है। निर्मल, अच्छा आबदार हीरा है। इसका तौल 40 कैरेट है।

इसके अतिरिक्त पटल, जोकेर, बैरगस, 'दक्षिणी अफ्रीका का तारा' आदि कितने ही हीरे विश्व में प्रसिद्ध हुए।

हीरे के लक्षण—हीरा तीन प्रकार का होता है।

(a) **नर हीरा**—यह हीरा अष्टकोणाकार तथा विशेष प्रकाश से युक्त होता है।

(b) **नारी हीरा**—इसकी चमक अपेक्षाकृत कम होती है। बाकी अन्य गुण नर जैसे होते हैं।

(c) **नपुंसक हीरा**— इसकी चमक अत्यत कम होती है। अन्य गुण नर की तरह ही पाये जाते हैं।

नर हीरे में छः गुण माने गाये हैं।

1. इसके आठ कोण होते हैं।
2. आकार में ज्यादा तथा वज़न में कम होता है।
3. इसके आठों कोण स्पष्ट दिखाई देते हैं।
4. जल में डालने पर इसमें सात प्रकार की प्रकाशकीय रश्मियां साफ-साफ निकलती हुई दिखाई देती हैं।
5. इसमें निकलता हुआ प्रकाश आंखों को शीतलता प्रदान करता है।
6. किसी प्रकार की रेखा, धब्बा या बिन्दु न हो।

नारी हीरे में चार गुण माने गए हैं।

1. इसमें छः कोण होते हैं।
2. यह चपटा और कुछ लम्बा-सा होता है।
3. इसमें कभी-कभी खड़ी रेखाएं दिखाई देती हैं।
4. पानी में डालने पर इसमें सात रश्मियां साफ दिखाई देती हैं।

नपुंसक हीरे में तीन विशेषताएं होती हैं।

1. इसमें तीन कोण़ होते हैं।
2.यह बड़ा व वजन में भारी होता है।
3. इसके कोण मुड़े हुए तथा भद्दे होते हैं।

रत्नों के प्रकार—स्पष्टतः हीरे की चार जातियां मानी गई हैं।

(1) **वनस्पति हीरा**—इस प्रकार के हीरे में नीली झाईं या पीलेरंग की झाईं अनुभव होती है। इसके अतिरिक्त यदि हीरे में नीले या पीले धब्बे दिखाई दें तब भी उसे वनस्पति हीरा मानना चाहिए।

(2) **रक्तिया हीरा**—इस प्रकार के हीरे में लाल रंग की झाईं या लाल रंग का छींटा देखा जा सकता है। इसलिए इस प्रकार के हीरे को रक्तिया हीरा कहते हैं।

(3) **तरमरी हीरा**—इस प्रकार के हीरे के कोण कम उठे हुए होते हैं तथा इसकी चमक भी कमज़ोर होती है।

(4) **काकपदि हीरा**—जिस हीरे में से काले रंग की झाईं-सी दिखाई दे उसे काकपदि हीरा मानना चाहिए।

हीरे की विशेषताएँ

1. यह सबसे अधिक कठोर पदार्थ है। यदि पत्थर पर हीरे को रगड़ें तो पत्थर पर लकीरें बन जाती हैं। परन्तु हीरे पर किसी प्रकार की खरोंच तक नहीं आएगी।

2. हीरा बिजली का कुचालक होता है। यदि अंगुली में हीरा पहना हुआ हो तो उसे बिजली का झटका अनुभव नहीं होता।

3. इसको अगर बकरी के ताजे दूध में डालकर रख दें तो इसके टुकड़े-टुकड़े हो जाते हैं। यह पुरानी मान्यता है।

4. हीरे कई रंग के होते हैं परन्तु श्वेत हरा हीरा सर्वाधिक मूल्यवान माना गया है।

5. इसकी चमक स्थायी व शीतल होती है।

6. हीरा आसानी से जल जाता है। यदि उन्नतोदर ताल के सामने हीरा रख दें और उसमें से सूर्य की किरणें गुजरने दें तो हीरा ग्रेफाइट के रूप में परिवर्तित हो जाएगा।

7. यदि हीरे को अधिक गर्म करें तो इसका रंग उतर जाता है परन्तु ठण्डा होने पर वह पुनः वैसा हो जाएगा।

8. एक अच्छे हीरे के प्रकाश में हम आसानी से पुस्तक को पढ़ सकते हैं।

9. सरलता से चिरने वाला हीरा सबसे अधिक कठोर होते हुए भी सतहों के अनुसार आसानी से चिर जाता है। यदि हीरा हाथ से जमीन पर गिर जाये तो उसके टुकड़े हो जाएंगे।

10. प्राचीन ग्रन्थों के अनुसार हीरा पानी में तैरता है। इसलिए इसका नाम प्रचीन ग्रन्थों में "वारितर" रखा गया।

हीरे की परीक्षा

1. अधिक गर्म दूध में यदि हीरा डाला जाये और दूध एक दम ठण्डा हो जाये तो समझना चाहिए हीरा असली है।

2. सूर्य की धूप में यदि हीरा रख दिया जाये तो इसका प्रकाश सौ गुना बढ़ जाएगा तथा इसमें से किरणें निकलती हुई स्पष्ट दिखाई देंगी।

3. जो व्यक्ति तोतला बोलता हो यदि मुंह में हीरा रखे और उसका उच्चारण स्पष्ट हो जाये तो हीरा असली समझना चाहिए।

4. छः किरणों के द्वारा असली और नकली हीरे की पहचान आसानी से की जा सकती है।

5. गर्म पिघले हए घी में यदि हीरा डाल दें तो घी धीरे-धीरे जमने लगेगा।

6. विपरीत लिंगीय पहने हुए हीरे को देखकर यदि मोहित-सा होने लगे तो हीरा असली समझना चाहिए।

हीरे के दोष

हीरे में निम्नलिखित दोष पाए जाते हैं—

1. गंदगी—जिस हीरे का रंग धूमिल, गन्दा या धुएं के रंग का हो वह हीरा पशुधन का नाश करने वाला होता है।

2. रक्तमुखी—जिस हीरे का रंग लाल हो वह हीरा लक्ष्मी को स्थिर नहीं रहने देता है।

3. सुन्न—जिस हीरे में चमक न हो उसे सुन्न हीरा कहते हैं और वह लक्ष्मी को नाश करने वाला होता है।

4. गड्ढा—जिस हीरे में गड्ढा हो वह रोग को बढ़ाने वाला होता है।

5. पीत मुखी—पीले रंग वाला हीरा पूरे वंश को नष्ट कर देता है।

6. धार—जो हीरा कटा या धार वाला हो उसे पहनने से चोरी का डर रहता है।

7. बिन्दु—जिस हीरे में किसी रंग का बिन्दु या छींटे हों वह मृत्यु कारक माना जाता है।

8. लकीर—जिस हीरे में आड़ी व खड़ी लकीरें दिखाई दें वह चित्त की शान्ति को भंग करता है।

9. श्याम जवी—जिस हीरे में श्याम जवी के समान चिन्ह्न हो वह हीरा बुद्धि को नाश करने वाला होता है।

10. काक पद—जिस हीरे में कौए के पंजे जैसा चिन्ह्न दिखाई दे ऐसा हीरा सभी प्रकार से अभीष्ट करने वाला होता है।

इसके अतिरिक्त भूरा, जर्द, तेलिया, चीर, कड़ापन आदि भी हीरे के दोष माने गये हैं।

हीरे के उप-रत्न

हीरे के पांच उपरत्न माने गए हैं।

1. कुरंगी—यह वज़न में भारी, कम चमकदार और अपने-आपमें पीली-सी झाईं लिए हुए होता है। गंगा के कछारों में यह आसानी से प्राप्त हो जाता है।

2. दतला—यह सफेद रंग का चमकदार उपरत्न होता है तथा हिमालय की पहाड़ियों में मिलता है।

3. सिम्मा—यह सफेद व काले धब्बों से युक्त होता है। पर इसकी चमक श्रेष्ठ होती है। हिमालय में यह अधिकतर मिलता है।

4. कैसला—यह चिकना, कोणदार तथा पानीदार होता है। नेपाल के आस-पास में यह पाया जाता है।

5. तुर्क—यह गुलाबी-सी झाईं देता है। कावेरी तथा गंगा के आस-पास यह उपरत्न प्राप्त होता है।

रोगों पर हीरे का प्रभाव

(a) जिसका वीर्य नहीं बनता हो या शीघ्र स्खलित हो जाता हो या जो सन्तान उत्पन्न करने में अक्षम हो, उसे हीरे की भस्म मलाई के साथ सेवन करनी चाहिए।

(b) मन्दाग्नि में यदि हीरे की भस्म शहद के साथ ली जाये तो भूख बढ़ती है। और मन्दागिन नष्ट हो जाती है।

(c) दुर्बल, अशक्त शरीर, अतिसार, आजीर्ण, वायु प्रकोप आदि में भी हीरे की भस्म काफी लाभ करती है।

हीरे का प्रयोग—वृष, तुला या मीन राशि पर जब शुक्र हो अथवा शुक्रवार के दिन यदि भरणी, पूर्वाफाल्गुनी या पूर्वाषाढ़ा नक्षत्र हो तो शुभ मुहूर्त में हीरा खरीदकर जड़वाएं। उसके पश्चात् पांच कोणाकार शुक्र का स्पण्डल बनाएं और रजत पत्र पर एक शुक्र यन्त्र को अंकित कर उस पर हीरे की अंगूठी रखें एवं 'ओम ऐंजंग्री शुक्रायनमः' मंत्र की चार हज़ार आहुतियां दें। इसके पश्चात् शुक्र के मूल मंत्र का सोलह हज़ार जप करवाएं। शुक्र मंत्र इस प्रकार है—

ओम अन्नात्परिश्रुतोरस ब्रह्माणाव्ययप वत्सत्रेपयः।
सोयं प्रजापति ऋतेन सत्यमिद्रियं विपानधु शुक्र पँधसं
इन्द्रश्चेन्द्रिय मिदंपयोमृतं मधु॥

इसके पश्चात अंगूठी में प्राण-प्रतिष्ठा करावें एवं शुक्र यंत्र-कपड़ा, श्वेत वस्त्र, चांदी या चावलों का दान कर दें।

शुक्र चाहे किसी भी राशि में हो इसके लिए कोई निश्चित तौल स्पष्ट नहीं है। छोटे से छोटा व बड़े से बड़ा हीरा समान रूप से लाभदायक है।

इसका प्रभाव 7 वर्ष तक रहता है। इसके बाद इसकी पुनः प्राण-प्रतिष्ठा करवानी चाहिए।

असली हीरे का उपयोग—असली हीरे का उपयोग शोभा बढ़ाने के लिए किया जाता है। साथ ही उस असली हीरे का उपयोग उद्योगों में किया जाता है। जिसका रूप निखारा नहीं जा सकता या जिनका रंग आकर्षक नहीं होता, जवाहरात की

श्रेणी में न आने वाले ये हीरे औद्योगिक हीरे कहलाते हैं। इनका उपयोग आजकल प्रायः सभी प्रकार के उद्योग कर रहे हैं। बड़ी-बड़ी इमारतें आदि बनाने, सड़कें, पुल बनवाने, पत्थर की शिलाओं को तोड़ने, तेल निकालने के लिए जमीन ड्रिल करने आदि सभी कामों में औद्योगिक हीरों का प्रयोग होता है। जिस काम के करने में पहले महीनों लग जाते थे, उन्हें आजकल इन मशीनों के द्वारा क्षण भर में कर डालते हैं। हीरे जड़ी मशीनों से सारा काम सुगम हो गया है।

औद्योगिक हीरों में से कुछ स्वच्छ पारदर्शक और कुछ अपारदर्शक होते हैं। रत्न कोटि के हीरे चिरकाल के प्रयोग के बाद भी नहीं घिसते और न खराब होते हैं। परन्तु इसके विपरीत औद्योगिक हीरे घिस जाते हैं। ये औद्योगिक हीरे चार प्रकार के होते हैं।

1. सूक्ष्म 2. रुक्ष हीरे या बोर्ट
3. गोल हीरे 4. कार्बनैडो (काला)

1. **सूक्ष्म औद्योगिक हीरे**—इनका रंग आकर्षक नहीं होता है इसलिए इनका इस्तेमाल तार खींचने वाली, डाई बनाने व काटने के औजार बनाने में किया जाता है।

2. **रुक्ष या बोर्ट**—सौन्दर्य में इसका उपयोग नहीं किया जा सकता है। क्योंकि ये दोषयुक्त होते हैं। अनियमित रूप से बने होते हैं। जिन छोटे पर अच्छे लगभग 20 रुक्ष हीरों का तौल मिलकर एक कैरेट हो जाये उनका प्रयोग छेद करने के फल बनाने में किया जाता है। काटने वाले कुहिर या रुक्ष हीरे सबसे अधम कोटि के होते हैं। इनका उपयोग घिसने वाले चक्कों को बनाने में किया जाता है। कुहिर का उपयोग कांच को काटने, इमारती पत्थर को तोड़ने व अन्य हीरक औजारों के बनाने में किया जाता है।

3. **गोल हीरक या बैलस**—हीरे के बहुत से छोटे-छोटे रवों की बनी गोल आकृतियों को गोल हीरक या बैलस कहा जाता है। ये मणिम गोले के अर्धव्यावपर और केन्द्र के निकट लगे रहते हैं। ये बहुत ही कठोर होते हैं। खुदाई व अन्य औद्योगिक कार्यों के लिए बहुत उपयोगी होते हैं।

4. **कार्बनैडो (काला हीरा)**—हीरे का यह विभेद अपारदर्शक काला या सलेटी रंग का खूब मजबूत तथा घना-सटा रूप है। आपेक्षिक गुरुत्व रत्न हीरे से कुछ कम 3.15 से 3.29 तक होता है। गहरी खुदाई के काम में तथा लेथ यंत्र के हीरकमय औजारों में इसका ही उपयोग होता है।

1967 में विश्वभर में हीरों का उत्पादन कुल मिलाकर 4238000 कैरट हुआ था। उनमें से लगभग औद्योगिक हीरों का तौल 32295000 कैरट था। अर्थात् लगभग 75 प्रतिशत से अधिक औद्योगिक हीरे थे।

शनि रत्न—नीलम

अन्य भाषाओं के नाम

1. **संस्कृत**—नील, महानील, शनिरत्न, नील रत्न, नीलोपान शोरि रत्न, इन्द्रनील, तृणशाही आदि।

2. **हिन्दी**—नीलम और नील मणि

3. **अंग्रेज़ी**—सैफायर (Sapphire)

4. **फारसी**—याकूत

5. **गुजराती**—नीलम

6. **बंगला**—इन्द्रनील

7. **मराठी**—नील रत्न आदि।

भौतिक गुण—कठोरता 9, आपेक्षिक गुरुत्व 4.03, वर्तनांक 1.76—1.77 दुहरावर्तन 0.008, द्विवर्णित, अति स्पष्ट, भंगुर, अपरिकणन हीरे की अपेक्षा कम होता है। इसलिए दमक तथा जाज्वल्यता हीरे से कम होती है। और इस आधार पर श्वेत नीलम तथा हीरे में अन्तर बताया जाता है। नीलम अल्यूमिनियम और ऑक्सीजन का यौगिक है। अल्प मात्रा में कोबाल्ट मिला रहने से रंग नीला होता है।

कुरुन्दम समूह—नीलम कुरुन्दम समूह का रत्न है। माणिक्य भी इसी समूह का रत्न है। लाल कुरुन्दम तो 'माणिक्य बन जाता है और अन्य रंगों के रत्न नीलम कहलाते हैं। जैसे—सफेद, हरा, नीलम, बैंजनी, पीला आदि रंगों में मिलता है। जैसा कि नाम से ही स्पष्ट है, नीलम उसी रत्न को कहना चाहिए जो नीले, आसमानी, बैंजनी आदि रंग के हों। रंग हलका हो या गहरा हो, उससे नाम में कोई अन्तर नहीं मानना चाहिए। श्वेत नीलम को नीलम कह दें परन्तु वास्तव में वह श्वेत पुखराज के नाम से ही मिलेगा। इसी प्रकार जिसको हम पीला नीलम कहते हैं, वह बाजार में पीले पुखराज के नाम से ही बिकता है और रोचक बात यह है कि वास्तविक पीला पुखराज जिसे (Topaz) कहते हैं उतना अच्छा नहीं माना जाता जैसा कि कुरुन्दम समूह का पीला पुखराज। कभी-कभी हरे रंग का कुरुन्दम रत्न पन्ने के नाम से बिकता है। पाश्चात्य लेखकों की पुस्तकों में हरे कुरुन्दम रत्न को प्राच्य पन्ना (Oriental Emerald) का नाम दिया जाता है। यदि सब नीलम ही हैं तो फिर लाल रत्न को माणिक्य क्यों कहा जाता है। उसे भी लाल नीलम कहना चाहिए?

स्टार माणिक्य (Star Ruby) के समान स्टार नीलम भी होते हैं। जिन्हें Star

Ruby के स्थान पर Star Sapphire भी कहते हैं। जब ये रत्न केबोकोन काट में काटे जाते हैं तो इनके शिखर पर छः किरणों वाले तारे का प्रकाश दिखाई देता है। यह तारक प्रकाश ऐसा लगता है, जैसे नीले आकाश में प्रकाश किरणों का फव्वारा छूट रहा हो। स्टार रूबी कम होते हैं स्टार सैफायर अधिक देखने को मिलते हैं। नीलम माणिक्य से बड़े आकारों में पाये जाते हैं। सन् 1930 में एक 1000 कैरट का नीलम प्राप्त हुआ था। परन्तु माणिक्य अधिक दुर्लभ होने के कारण नीलम से अधिक मूल्यवान रत्न माना जाता है। एक ही आकार और वजन के नीलम और माणिक्य हों तो नीलम का मूल्य माणिक्य से 1/10 कम होता है। उनमें एक अन्तर और भी है यद्यपि दोनों रत्न भंगुर हैं और उनके साथ हर समय सावधानी बरतने की आवश्यकता है। माणिक्य नीलम से कठोर कम होता है और कठोरता विभिन्न स्थानों से प्राप्त नीलम रत्नों में भिन्न-भिन्न होती है। श्रीलंका के स्थानों से प्राप्त नीलम कश्मीर के रत्नों से ज्यादा कठोर होता है। कुरुन्दम समूह से प्राप्त नीलम का आपेक्षिक गुरुत्व समान होता है। और द्विवर्णिता इतनी स्पष्ट होती है कि बिना सूक्ष्मदर्शक शीशे के उसे देखा जा सकता है। रंग का छितराव कम होता है। इसलिए उसमें दमक (Fire) भी कम होती है। केवल इसी गुण के द्वारा श्वेत पुखराज (White Sapphire) और हीरे में अन्तर किया जा सकता है।

नीलम को मिश्रित, ज्वलन्त, स्टेप तथा केबोकोन काट में (केबोकोन काट में ज्यादातर स्टार से फायर ही काटे जाते हैं) काटे जाते हैं। श्री लंका की एक काट ऐसी होती है कि सारा निकलने वाला प्रकाश रत्न के तल में नीले रंग के धब्बे से गुज़र जाता है।

प्राप्ति स्थान—सबसे सुन्दर माणिक्य बर्मा से तथा सबसे श्रेष्ठ नीलम श्री लंका से प्राप्त होता है। परन्तु वास्तविकता यह है कि न तो बर्मा से प्राप्त सभी माणिक्य उत्तम होते है न श्री लंका से प्राप्त सभी नीलम। भारत के कश्मीर प्रदेश से प्राप्त नीलम सबसे उत्तम माना गया है। थाईलैण्ड में गहरे रंग के नीलम मिलते हैं। गहरे नीले तथा हरे नीले नीलम आस्ट्रेलिया में भी पाये जाते हैं। श्रीलंका में नीलम प्रचुर मात्रा में मिलते हैं। वे विभिन्न प्रकार की शिलाओं में पाये जाते हैं। यहां नीलम नाइस शिला में तामड़े (Garnet) के साथ मिलते हैं। श्रीलंका के रत्न प्रदेश बलान गोड़ा, रकवाना तथा रतनपुरा हैं। ये प्रदेश श्रीलंका के दक्षिणी मध्य भाग में स्थित हैं। रतनपुरा में रत्नों का बड़ा बाजार है। गहरी संकीर्ण घाटियों में पानी के नालों के बगल में जलौह मिक्षेप में गड्ढे खोदे जाते हैं। कीचड़, मिट्टी तथा रेत तक विभिन्न गहराइयों में पहुंचने के बाद रत्नयुक्त कंकड़, जिन्हें 'इलाम' कहते हैं। इनकी मोटाई 5 से 30 फीट तक होती है और ये शिलाओं पर पड़े रहते हैं। इलाम को खोदकर निकालने के बाद उसे उथली छबड़ियों में रखकर पास के नाले में धोया जाता है। ये छबड़ियां बांस की बनी होती हैं। साफ कंकड़ को अलग करके उसमें से रत्न चुन लिए जाते हैं। इस इलाके में नीलम के अतिरिक्त विभिन्न रंगों के कुरुदंम तथा कई प्रकार के बहुमूल्य पत्थर और सोना मिलता है। रत्नों तथा सोने को बहते

पानी के नालों के लाहे के चौखटे में लगे जाल द्वारा निकाला जाता है। घाटियों की बगल में ऊंचाई पर स्थित कंकड़ों से भी कभी-कभी रत्न प्राप्त किये जाते हैं।

सबसे सुन्दर नीलम भारत के कश्मीर प्रान्त से प्राप्त होता है। नीलम की खानें 14,940 फुट की ऊंचाई पर सूमजाम नामक गांव के निकट स्थित हैं। इसका सहयोगी खनिज तुर्मली है। कश्मीर से सर्वप्रथम नीलम रत्नों के सम्बन्ध में एक मनोरंजक कहानी है कहा जाता है कि नीलम की खान का ज्ञान संयोग से कुछ यात्रियों द्वारा प्राप्त हुआ था, जो अफगानिस्तान से दिल्ली आये थे। रास्ते में वर्षा से एक पहाड़ की चट्टान गिर पड़ी थी। उन्हीं बिखरी चट्टानों में बहुत से आकर्षक नीले रंग के पत्थर पड़े दिखायी दिए। वे उतने पत्थर जितने वे अपने खच्चरों पर ले जा सकते थे ले गये। जब वे अपने ठहरने के स्थान पर पहुंचे तो उन्होंने उन पत्थरों के बदले आवश्यकतानुसार नमक ले लिया। ये पत्थर कितनें हाथों में घूमे-फिरे और काफी बाद में उनको नीलम के रूप में पहचाना गया। फिर तो वे काफी मंहगे दाम में बिके। जब उस समय कश्मीर के महाराजा को समाचार मिला तो उन्होंने जितने प्राप्त हो सके हस्तगत कर लिए। बाद में वह सुन्दर रूप में महाराजा के खज़ाने में पहुंच गये।

नीलम क्वींसलैण्ड और न्यू साउथ वेल्स (आस्ट्रेलिया) और रोडेशिया में भी मिलते हैं। भारत में कश्मीर के अतिरिक्त दक्षिण भारत में सलेम जिले में नीलम प्राप्त होते हैं। रूस में और संयुक्त राष्ट्र अमरीका में भी नीलम प्राप्त होते हैं।

कश्मीर का नीलम सर्वश्रेष्ठ होता है। इसको 'मयूर नीलम' कहते हैं। क्योंकि इसका रंग मोर की गर्दन के रंग जैसा होता है। इसमें अगर एक बिन्दु रंग भी हो तो वह सम्पूर्ण नग को रंगीन रखता है परन्तु यदि डंक, पोल वह सुरंगेपन से मिले तभी उसका नग सुन्दर होता है। फिर इसमें विजातीय पदार्थ चिपका होता है।

कश्मीर के नीलम में यह विशेषता होती है कि वह बिजली के प्रकाश में अपना रंग नहीं बदलता, जबकि अन्य स्थानों से प्राप्त नीलम बिजली के प्रकाश में 'नेवी ब्लू' रंग के दिखाई देते हैं।

बर्मा के नीलम में हरापन कम तथा सुन्दर नीला रंग होता है। विजातीय पदार्थ न चिपका होने के कारण नग बनाने में सुविधा रहती है।

श्री लंका का नीलम ऊपर लिखे दोनों नीलमों से घटिया किस्म का होता है। इसमें लाल रंग की भी आभा होती है तथा श्याम आभा भी बहुत होती है।

स्याम देश के नीलम में कृष्ण वर्ण की आभा तथा हरापन अधिक होता है। रंग गहरा होने के कारण यह काला दिखाई देता है। इसमें कठोरता, चिकनाई सबसे अधिक होती है।

आस्ट्रेलिया के नीलम गहरे नीले रंग के होते हैं। रोडेशिया तथा रूस के नीलम घटिया किस्म के होते हैं।

सलेम (दक्षिण भारत) के नीलम में हरापन स्याम के नीलम से अधिक होता है। पीला और नीला रंग मिश्रित होता है।

पुखराज (White and Yellow Sapphire)] नीलम (Sapphire) और माणिक्य (Ruby) प्रायः एक ही क्षेत्र में पाये जाते हैं। यही कारण है कि इन पत्थरों के रंगों में परस्पर मिश्रण हो जाता है। इसलिए स्वभावतः पुखराज का सफेद और पीला रंग, माणिक्य का लाल तथा नीलम का नीला रंग होते हुए भी परस्पर एक-दूसरे के रंग का प्रभाव आ जाने से पुखराज में नीली या गुलाबी आभा नीलम में रक्त आभा (यह रक्तमुखी नीलम कहलाता है।) तथा माणिक्य में नीली आभा, आ जाती है। कभी-कभी तो एक ही पत्थर में तीनों रंग पृथक्-पृथक् दिखाई देते हैं। इन तीनों पत्थरों में समानता होने पर भी कठोरता में असमानता होती है। पुखराज की अपेक्षा माणिक्य और माणिक्य की अपेक्षा नीलम अधिक कठोर होते हैं।

गहरे नीले रंग का नीलम दुर्लभ होने के कारण अत्यन्त मूल्यवान होता है। नारंगी रंग के सैफायर भी होते हैं, जो सूर्य के समान चमकीले लगते हैं। उनमें पूर्ण शोभा तब ही आती है जब उन्हें हीरों के साथ जड़ा जाये। हरे, सुनहले और बैंजनी रंग के सैफायर भ्रमवश पन्ना, पुखराज और एमीथिस्ट मान लिए जाते हैं। यद्यपि वे उनसे बिलकुल भिन्न होते हैं। वास्तव में हरा, सैफायर न तो पन्ने के समान होता है न हरे रंग के पेरीहाट या टुर्येलीन से मिलता-जुलता होता है। वह गहरे रंग का होता है और अच्छी कठोरता के कारण उस पर आंखों को चौंधिया देने वाली पॉलिश की जाती है। उसका अपना एक ही विशेष शानदार व्यक्तित्व होता है। और वह जब आकर्षक काट के रूप में हो और हीरों के साथ जड़ा हो तो उसकी छटा देखने योग्य होती है। बैंजनी सैफायर हो और बढ़िया काट के रूप में हो तो एमीथिस्ट उसके समक्ष मेमना-सा लगता है। इसमें सन्देह नहीं कि सुनहलां सैफायर (Golden Sapphire) पुखराज से मिलता-जुलता होता है, परन्तु उसमें अधिक कठोरता के कारण पॉलिश बहुत सुन्दर होती है। ऐसे पॉलिश रत्न के समक्ष पीला पुखराज (Topaz) फीका-फीका-सा लगता है।

नीलम पारदर्शक से लेकर पारभाषिक और अपारदर्शक तक होते हैं।

नीलम के गुण—श्रेष्ठ नीलम में निम्नलिखित गुण पाये जाते हैं।

1. वह पारदर्शी हो।
2. इसके कोण सुडौल हों।
3. मोटा और पुष्ट शरीर वाला हो।
4. स्पर्श करने पर चिकना महसूस हो।
5. पूरे नीलम से एक ही प्रकार का प्रकाश निकलता हो।
6. हाथ में लेने पर मुलायम-सा प्रतीत हो।
7. इसके भीतर से नीली रश्मियां फूटती प्रतीत होती हों।
8. दड़क वाला हो।

नीलम की और विशेष कर श्रेष्ठ नीलम की यह भी पहचान है कि इसके पास तिनका लाने पर चिपक जाता है।

नीलम के दोष—निम्नलिखित लक्षणों वाला नीलम दोषयुक्त होता है। अतः खरीदते या धारण करते समय ध्यान रखना चाहिए।

1. **दुरंगा**—दो रंगों वाला नीलम पत्नी के लिए घातक है।

2. **सुन्न**—जिस नीलम का रंग व प्रकाश कमज़ोर हो या क्षीण हो ऐसा नीलम प्रिय बन्धुओं का नाश करता है।

3. **धब्बे**—जिस नीलम में छोटे-छोटे धब्बे हों वह जीवन को दुःखमय बना देता है।

4. **चीरी**—जिस नीलम में चीरा या क्रॉस हो वह नीलम दरिद्रता बढ़ाने वाला होता है।

5. **सफेद डोर**—यदि नीलम में सफेद डोर या लाइन हो तो ऐसा नीलम शस्त्र से मृत्यु करवाता है।

6. **ललाई**—जिस नीलम में लाल रंग के छोटे-छोटे बिन्दु दिखाई दें वह नीलम रोगवर्द्धक एवं पुत्र-सुख को समाप्त करने वाला होता है।

7. **दूधिया**—दूधिया रंग का नीलम लक्ष्मी का नाश करने वाला माना गया है।

8. **खड्डा**—जिस नीलम में खड्डा दिखाई दे वह नीलम शत्रु भय को बढ़ाने वाला होता है।

9. **जाला**—जिस नीलम में जाल-सा बुना हुआ हो वह नीलम रोग-वर्धक होता है।

नीलम का परीक्षण

सच्चे नीलम की पहचान के कई तरीके हैं। जिनमें से कुछ नीचे स्पष्ट हैं—

(a) साफ पानी के गिलास में नीलम डाल दिया जाये तो उसमें से नीली किरणों निकलती हुई-सी दिखाई देती हैं।

(b) नीलम सामान्यतः अपने आकार से वज़न में हलका होता है।

(c) धूप में रखने पर इसकी चमक में वृद्धि होती है।

(d) सही और असली नीलम में रंगों की सीधी पट्टियां दिखाई देंगी।

(e) यदि पूर्णिमा की रात्रि को दूध पर नीलम की छाया डालें तो पूरा दूध नीले रंग का प्रतीत होगा।

अतः नीलम खरीदते समय हमें अच्छी तरह परख लेना चाहिए कि कहीं वह नीलम दोषयुक्त तो नहीं है। इससे हमें लाभ की अपेक्षा हानि हो जाती है।

नीलम के उपरत्न—नीलम के मुख्यतः दो उपरत्न होते हैं।

(a) **जमुनिया**—इसका रंग पके हुए जामुन के समान होता है। साथ ही हलका गुलाबी और सफेद रंगों में भी पाया जाता है। यह ज्यादातर हिमालय प्रदेश में मिल जाता है।

(b) **लीलिया**—यह नीले रंग का तथा हलकी लाल झाईं लिये हुए होता है। यह चमकदार भी होता है तथा गंगा-यमुना की कछारों में पाया जाता है।

रोगों पर नीलम का प्रभाव

1. पागलपन की बीमारी में नीलम भस्म श्रेष्ठ औषधि मानी गई है।

2. नीलम रत्न धारण करने से खांसी, उलटी, रक्त-विकार आदि स्वतः नष्ट हो जाते हैं।

3. पानी गिरना, जाला, मोतिया, धुंध आदि आंखों के रोग में यदि नीलम, केकड़े के जल में घोट कर आंखों में डालें तो शीघ्र लाभ मिलता है।

नीलम का प्रयोग—जिस समय शनि, मकर या कुम्भ राशि में हो अथवा शनिवार के दिन स्वाति, विशाखा, चित्रा, धनिष्ठा, श्रवण या उत्तराषाढ़ा नक्षत्र हो तो ऐसे शुभ दिन को पंच धातु, सोना या फौलाद की अंगूठी में नीलम रत्न जड़ावें जन्म कुण्डली में शनि जिस राशि में हो उस राशि के अनुसार ही रत्न की तौल शुभ मानी जाती है।

1. मेष—4 रत्ती	7. तुला—5 रत्ती
2. वृष—4 रत्ती	8. वृश्चिक—9 रत्ती
3. मिथुन—3 रत्ती	9. धनु—5 रत्ती
4. कर्क—7 रत्ती	10. मकर—9 रत्ती
5. सिंह—7 रत्ती	11. कुम्भ—9 रत्ती
6. कन्या—3 रत्ती	12. मीन—5 रत्ती

इसके बाद धनुषाकार शनि स्पंडल बनावें तथा उस पर शनि मंत्र अंकित कर 'ओम रूवीए, श्री. . . शनैश्चरायनमः।' मंत्र से अभिषेक करें। तत्पश्चात् प्राण-प्रतिष्ठा कर शनि के वेदोक्त मंत्र से 23,000 बार जप करें। इसके बाद प्राण-प्रतिष्ठा करने पर मंत्र बोलें। वह इस प्रकार हैः—

ओम् शन्नो देवी रभिष्ठय आयो भवन्तु पीतये शंय्यो रभि-श्रवंतुनः॥

इस रत्न को धारण करने के कुछ ही समय बाद प्रभाव महसूस होने लगता है। अतः धारण करने से पूर्व इसकी परीक्षा कर लेनी चाहिए। शाम को इसे अपनी भुजा पर बांध कर सो जाना चाहिए। यदि रात को शुभ स्वप्न आये तो प्रतिकूल समझना चाहिए। प्रतिकूल होने की स्थिति में नीलम बदलकर पहनना चाहिए।

नीलम पहनने के पांच वर्षों तक इसका प्रभाव रहता है। इसके बाद पुनः प्राण प्रतिष्ठा करने से वह रत्न उपयोगी बनता है।

राहु रत्न—गोमेद

प्रमुख भाषाओं के नाम

1. **संस्कृत**—स्वर भानु, पीत रत्न, राहु रत्न, गोमेद, गौमेदक, त्रणवर, तापोमणि, पिंग स्फटिक, आदि।

2. **हिन्दी**—गोमेद, गोमेद मणि

3. **अंग्रेजी**—जिरकन (Zircon)

4. **गुजराती**—गोमूत्रजंबु

5. **चीनी**—पीसी

6. **बंगला**—लोहित मणि

7. **अरबी**—हजार यमनी

8. **बर्मी**—गोमोक

9. **मराठी**—गोमेद मणि।

भौतिक गुण—कठोरता 7.5 तक। आपेक्षिक गुरुत्व 4.65-4.71 तक। पारदर्शक पारभाषक तथा अपारदर्शक भी। हीरक द्युति। वर्तनांक 1.93-1.98 दुहरावर्तन 0.06, अपरिकणन 0.048.

प्राप्ति स्थान—गोमेद रत्न अधिकतर हिमालय पर्वत, शिमला, कश्मीर, कुल्लु एवं सिन्धु नदी के उद्गम स्थान पर पाया जाता है।

बिहार प्रान्त के हज़ारीबाग में यह रत्न मिलता है। कोयम्बटूर, विजयापटनम तथा त्रावणकोर से भी यह रत्न प्राप्त होता है।

विदेशों में भी गोमेद रत्न इन देशों से प्राप्त होता है। इनमें न्यू बर्मा, श्याम, सीलोन, न्यूजीलैण्ड, इब्डोचाइना आदि स्थानों पर श्रेष्ठ गोमेद रत्न प्राप्त होता है।

जिरकन एक ऐसा आकर्षक और मनोरंजक रत्नीय पत्थर है जो लगभग सभी मोहक रंगों में मिलता है। जिस रत्न का रंग मधु, गोमूत्र या अंगार के समान हो उसे ही गोमेद कहना चाहिए। हरेक रंग के जिरकान को गोमेद नहीं कहना चाहिए। इसकी स्पष्टता के लिए राजरुपटांक के 'रत्न प्रकाश' में निम्नलिखित श्लोक हैं:—

सुस्वच्छ गोजलच्छार्य स्वच्छ स्निग्धं सम गुरु।
निर्मल मसृणं दीप्त गोमेद शुभमष्टचा॥
विच्छायं लघुं रुलागं चिपिट पटलान्वितम्।
निष्प्रभं पीतकाचात्रं गोमेदं न शुभावहम्॥

अर्थात्—जो दूर से स्वच्छ गोमूत्र के रंगवाला प्रतीत हो, पारदर्शी हो, स्निग्ध वर्ण का हो, समगात्र हो अर्थात् ऊंचा-नीचा और टेढ़ा-मेढ़ा न हो वजनी दड़कदार

हो, जिसमें परत न हो, जो स्पर्श में कोमल हो और चमकदार हो।

आजकल जैसे हरे रंग के सैफायर को नीलम कहने का चलन हो गया है वैसे ही हरे रंग के जिरकान को गोमेद कहते हैं जो राहु रत्न माना जाता है। यह वही रत्न है जिसका वर्णन और जिस की श्रेष्ठता और दोष गोमेद रत्न के होते हैं। जिरकान अनेक सुन्दर रंगों में पाया जाता है। यह धीरे-धीरे आभूषणों में एक विशिष्ट स्थान प्राप्त करता जा रहा है। रासायनिक दृष्टि ये यह जिर्कोनियम का सिलीकेट है। इसके मणिम चतुर्पार्श्वी प्रिज्म के से होते हैं जिनका अन्त चार पार्श्वी स्तूपों के रूप में होता है। जब ये पानी से घिसे हुए कंकड़ों के रूप में प्राप्त होते हैं तो इनके पार्श्व मिट जाते हैं। ये रत्नीय पत्थर चतुष्कोणीय समूह के अंतर्गत आते हैं। ये सामान्यतः संक्षेत्रीय होते हैं और इनमें चार गुनी समति होती है। जिरकान गोल या कोणीय ढेलों तथा कणों में भी मिलता है। इसकी भाजन रेखायें जो संक्षेत्रीय का स्तूपीय होती हैं अपूर्ण हैं। इसमें शंखीय भंग होता है। जिरकन की कठोरता एक रत्न से दूसरे रत्न में अलग-अलग होती है पर 7½ से अधिक नहीं होती।

जिरकन पारदर्शक पारभाषक तथा अपारदर्शक सब तरह के होते हैं। इसमें हीरक द्युति पाई जाती है। तेज दुहरे वर्तन के कारण जिरकन को विभिन्न दिशाओं में देखने पर पृष्ठ भाग के अनीक स्पष्टतया दुहरे दिखाई देते हैं। जिरकन सामान्यतः एकाक्षीय तथा धनात्मक प्रकाशीय गुणों वाला खनिज है। इसके कुछ मणिम और प्रकार के प्रकाशीय गुणों का प्रदर्शन करते हैं और द्विअक्षीय होते हैं। जिरकन के मुख्य रंग निम्नलिखित हैं:—

1. पीला 2. नारंगी 3. हरा और 4. भूरा (Brown)। जो रत्नीय पत्थर लाल या भूरे होते हैं वे हाइपेसिन्थ या जेसिन्थ कहलाते हैं। जिसमें पीलापन होता है वे जारगून कहलाते हैं। रंग विहीन जिरकन कम ही प्राप्त होते हैं और जो बाजार में दिखाई देते हैं वे वास्तव में पीले या भूरे रत्नीय पत्थर जिनको ताप देकर उनके रंग को उतार दिया जाता है। इन श्वेत जिरकनों में बड़ी गजब की दमक (Fire) होती है। और चमक-दमक कोई पत्थर हीरे के निकट पहुंचता है तो वह जिरकन होता है, तब भी उनमें दमक अवश्य दिखाई देती है। अपने विभिन्न रंगों के कारण जिरकन कई रत्नीय पत्थरों से मिलता है। परन्तु उन के आपेक्षिक गुरुत्व द्वारा वे उनसे पृथक किये जा सकते हैं। इनमें कुछ जिरकान इकहरा वर्तन होता है कुछ में दोहरा वर्तन होता है।

श्रेणी के अनुसार गोमेद को हम तीन भागों में बांट सकते हैं—

1. **सर्वश्रेष्ठ गोमेद**—सर्वश्रेष्ठ कोटि का गोमेद वह कहलाता है जो भारी, स्वच्छ एवं पारदर्शक हो, तथा गोमूत्र के समान पीलापन लिये हुए लाल रंग का बराबर कोण वाला, चिकना, चमकीला, सुन्दर और मन को आकर्षित करने वाला होना चाहिए।

2. **मध्यम**—मध्यम स्तर का गोमेद उच्च एवं निम्न गोमेद के बीच का होता है।

मध्यम स्तर के गोमेद को विशेष रासायनिक क्रियाओं से उच्च स्तरीय गोमेद बनाया जा सकता है।

3. **निकृष्ट गोमेद**—निकृष्ट स्तर का गोमेद वह समझा जाता है जो छोटा, खुरदरापन लिये हुए. अपारदर्शी, छाया रहित, छींटों से युक्त पीले कांच के समान दिखाई देने वाला हो।

अनोखा गुण—उस रत्न का अनोखा गुण यह है कि वह कभी-कभी स्पेक्ट्रेम यन्त्र में शोषण पट्टियां बतलाता है।

गोमेद के दोष

1. **चीर**—यदि गोमेद में चीरा या क्रॉस हो तो वह शरीर में रक्त-सम्बन्धी विकार पैदा करता है।

2. **छाल**—यदि गोमेद परतदार दिखाई दे तो वह पशुधन का नाश करने वाला है।

3. **धब्बा**—यदि गोमेद में किसी प्रकार का धब्बा हो उससे उस व्यक्ति की आकस्मिक मृत्यु होने की सम्भावना हो जाती है।

4. **श्याम**—यदि गोमेद में काले धब्बे दिखाई दें तो वह गोमेद स्त्री के लिए हानिकारक होता है।

5. **सुन्न**—यदि गोमेद में किसी प्रकार की चमक न होती हो तो वह शरीर में लकवा पैदा करता है।

6. **रक्त बिंदु**—यदि गोमेद में लाल रंग के छींट पाये जाते हों तो वह पुत्र के लिए हानिकारक होता है।

7. **रूखा**—रूखा और खुरदरा गोमेद पहनने से मनुष्य अपने लक्ष्य से विचलित हो जाता है।

8. **अबरखी**—यदि गोमेद में अरक के समान दोष होता हो तो वह लक्ष्मी का नाश करता है।

9. **गड्ढा**—यदि गोमेद में किसी प्रकार का गड्ढा दिखाई दे तो वह पशुधन का नाश करने वाला होता है।

10. **रक्तिम**—जो गोमेद लाल मुंह वाला या रक्त के समान रंग वाला होता है, वह कई प्रकार के रोग बढ़ाने में समर्थ होता है।

11. **सफेद बिन्दु**—यदि गोमेद में किसी प्रकार का सफेद बिन्दु हो तो वह रोगवर्द्धक होता है।

गोमेद की परीक्षा—गोमेद या अन्य कोई रत्न खरीदने से पहले हमेशा उसे जांच लेना ही श्रेयस्कर होता है। गोमेद की परीक्षा करने के लिए निम्न विधियां अपनायी जाती हैं।

1. लकड़ी के बुरादे से यदि गोमेद को रगड़ें तो उसकी चमक घट जायेगी।

2. गोमूत्र में गोमेद रखकर उसे 24 घन्टे पड़ा रहने दें तो गोमूत्र का रंग बदल जाता है।

3. इसमें दुहरा वर्तन होता है। और इसी कारण पिछले अनीकों के किनारे सामने से देखने पर दुहरे दिखाई देते हैं।

गोमेद के उपरत्न—यदि कोई गोमेद रत्न नहीं पहन सकता है तो उसे गोमेद का उपरत्न पहनना चाहिए। गोमेद के उपरत्न निम्नलिखित हैं:—

(a) **साफी**—यह मटमैला सा चिकना तथा कम चमकदार होता है। वजन में यह अपेक्षाकृत भारी होता है। यह ज्यादातर हिमालय तथा विन्ध्यांचल के पहाड़ों में पाया जाता है।

(b) **तुरसा**—यह चिकना, हलका पीला तथा चमकदार होता है। यह अधिकतर अरब, ईरान तथा मक्का की ओर पाया जाता है। इसमें मुख्यतः चार रंग पाये जाते हैं। 1. लाल 2. हलका पीला 3. हरा और 4. श्याम।

गोमेद का प्रयोग

स्वाति, शतभिषा या आर्द्रा नक्षत्र के दिन प्रातः पंच धातु सोना या फौलाद की अंगूठी में गोमेद रत्न जड़वायें, जन्म-कुण्डली में राहु जिस राशि में हो उस राशि के अनुसार ही तोल होना भी आवश्यक है।

1. मेष	11 रत्ती	7. तुला	8 रत्ती
2. वृष	6 रत्ती	8. वृश्चिक	9 रत्ती
3. मिथुन	12 रत्ती	9. धनु	11 रत्ती
4. कर्क	15 रत्ती	10. मकर	15 रत्ती
5. सिंह	15 रत्ती	11. कुम्भ	15 रत्ती
6. कन्या	12 रत्ती	12. मीन	11 रत्ती

इसे आप प्रातःकाल साढ़े दस बजे के बाद सूर्याकार राहु का स्पन्डल बनावें तथा उस पर राहु यन्त्र बनाकर अंगूठी में प्राण-प्रतिष्ठा करें। फिर **ओम क्रीं क्रीं हुं हुं है टंक धारिणे राहवे स्वाहा**। मन्त्र से 10,000 आहुतियां दें, उसके बाद अंगूठा धारण कर राहु दान दे दें। तथा इसी दिन राहु वेदोक्त मन्त्र से 10,000 जप करावें। राहु का वेदोक्त मन्त्र निम्नलिखित है:—

ओम कयानश्यित्र आयुवहूती सदाबुध सखा कमाशचिपठ्य वृताः।

शाम को पूर्णाहुति करे और राहु यन्त्र नीले वस्त्र, कम्बल, तिल, तेल, लोहा का दान दे। इस प्रकार करने से राहु जन्य दोष मिटकर सुख-शान्ति प्राप्त होती है।

गोमेद पहनने के दिन से तीन वर्षों तक इसका प्रभाव रहता है। तत्पश्चात् पुनः प्राण-प्रतिष्ठा कराने से यह रत्न फलदायी बना रहता है।

सबसे बड़ा जिरकन

अभी तक जितने भी जिरकन मिले हैं उनमें से सबसे बड़ा जो जिरकन है उसका वजन 25 पाउण्ड है।

केतु रत्न-लहसुनिया

प्रमुख भाषाओं के नाम—

1. **संस्कृत** - विदुराज, वैदूर्य, केतुरत्न, विडालाक्ष, वायज, अभ्ररोह, राष्ट्रुक, मेघखरांकुर, बालसूर्य,

2. **हिन्दी** - लहसुनिया

3. **अंग्रेजी** - केट्सआई (Cat's eye)

4. **गुजराती** - लसणियो

5. **अरबी** - एन अलहिर

6. **बंगला** - सूत्र मणि, वैदूर्य मणि,

7. **भौतिकगुण** - कठोरता 8.50; आपेक्षिक गुरुत्व 3.68 से 3.78 तक (वर्तनांक 1.750 से 1.757 तक), दुहरा वर्तन 0.010; अपरिकरण 0.015। रचना घनात्मक है

प्राप्ति स्थान - लहसुनिया का प्रमुख उद्गम स्थान सीलोन है। परन्तु इसके अलावा भी यह रत्न ब्राजील उत्तरी अमेरिका, युराल पर्वत, भारत में विन्ध्य तथा सतपुड़ा पहाड़ों की घाटियों में एवं बहने वाली नदियों के प्रस्तरों में प्राप्त होता है। सबसे अच्छा वैदूर्य सीलोन का माना गया है।

लहसुनिया या वैदूर्य जिसे अंग्रेजी में क्राइसोबेरील (Chrysoberyl) कहते हैं, एक विभेद है। हेम वैदूर्य पीले रंग का रत्न है। अंधकार में लहसुनिया के विभिन्न रंग जगमगाते हैं। यह तन्तुमय पत्थर को काटकर बनाया जाता है। हेम वैदूर्य बेरिलियम का ऐल्यूमीनेट है। हेम वैदूर्य का रंग हलका पीला, भूरा तथा हरा होता है। इसके निर्दोष रत्नीय पत्थर ऊपरी बर्मा की मागोक खानों तथा पश्चिम अफ्रीका के घाना राज्य में है। इसका हलका पीलापन लिये हरा रंग फेरस ऑक्साइड के कारण है। इस प्रकार के रत्नों को जौहरियों ने क्राइसोलाइट का नाम दिया है। लहसुनिया का रंग अधिकतर भूरापन लिए होता है। लहसुनिया को सदा ऐन केबोकेन काट का रूप दिया जाता है। हेम वैदूर्य हीरे और कुरुंदम के बाद सबसे अधिक कठोर रत्न होता है। इसकी कांचांकित द्युति होती है। लहसुनिया में रेशमी चमक पाई जाती है। हेम वैदूर्य पारदर्शक तथा पारभाषक होता है।

बिड़लाक्ष (लहसुनिया) से विभिन्न रंगों का प्रदर्शन अलंकार में बड़ा कौतुकपूर्ण होता है। रत्न में जो चमक होती है वह बिल्ली की आंखों की चमक के समान होती है। इसमें रेशम के समान द्युति तथा हरा रंग होता है। केबीकोन काट से काटे जाने पर प्रकाश एक रेखा या पट्टी मे केन्द्रित होता दिखाई पड़ता है। और रत्न की सतह पर फैला है। घुमाने पर प्रकाश की रेखा जो एक सूत्र के समान लगती है

बदल जाती है। इसी प्रकाश रेखा के चलने-फिरने से बिल्ली की आंखों की याद हो जाती है। इसका कारण इसका आकर्षक रंग, कौतूहल तथा टिकाऊपन है।

बिड़लाक्ष रत्न अधिकतर पोमाइट, नाइस तथा अभ्रकमय परतदार शिलाओं में पाये जाते हैं। नालों की तलहटी में भी पाये जाते हैं। इसके मुख्य प्राप्ति स्थान हैं, चीन, श्रीलंका तथा ब्राजील। बर्मा की भोगोक खान का बिड़लाक्ष उत्तम माना जाता है। त्रिवेन्द्रम में भी यह रत्न मिलता है। ब्रिटिश म्यूजियम में क्राइसोलाइट के साथ 35.5 मिली मीटर लम्बा तथा 35 मिलीमीटर चौड़ा एक सुन्दर बिड़लाक्ष रखा है।

वैदूर्य के प्रकार—

मुख्यतः वैदूर्य की चार जातियां होती हैं।

(a) **शिशुपाली**-शिशुपाली वैदूर्य देखने में बड़ा है परन्तु भार में कम है।

(b) **कांच वैदूर्य**-इस पर किसी अन्य पदार्थ द्वारा खरोंच लगाने से जल्दी ही खरोंच लग जाती है।

(c) **गिरिकांच वैदूर्य**-गिरिकांच वैदूर्य में किसी प्रकार की चमक नहीं होती है।

(d) **स्फटिक वैदूर्य**-स्फटिक वैदूर्य का वर्ण चमकदार एवं उज्ज्वल होता है।

जाति के अनुसार वैदूर्य चार प्रकार के माने गये हैं।

1. ब्राह्मण वर्ग-यह सफेद होता है। परन्तु इसमें से नीलम-सी झाई निकलती है।

2. क्षत्रिय वर्ग-यह सफेद वर्ग का होता है। परन्तु इसमें से लाल सी झाई निकलती है।

3. वैश्य वर्ग-यह पीले रंग का होता है तथा इसमें से पीली झाई दिखाई देती है।

4. शूद्र वर्ग-यह नीले रंग का होता है तथा इसमें किसी प्रकार की चमक नहीं होती।

श्रेष्ठ वैदूर्य के गुण—

1. यह पुष्य होता है तथा आकार की अपेक्षा वजन में हलका होता है।

2. यह चिकना तथा फिसलने वाला होता है।

3. श्रेष्ठ वैदूर्य काले धब्बा आदि से रहित होता है, और इसकी काया स्वच्छ होती है।

4. इसमें से रश्मियां बाहर निकलती हैं, तथा यह रत्न चमकदार, सुन्दर एवं मनमोहक होता है।

5. श्रेष्ठ वैदूर्य का रंग पीत-नीलाकण अर्थात् बिल्ली की आंख के जैसा होता है।

6. इस पर जनेऊ के धागे के समान ब्रह्म-सूत्र-सी लकीरें चारों तरफ दिखाई देती हैं।

वैदूर्य के दोष-मुख्यतः विद्वानों ने वैदूर्य के निम्नलिखित दोष बताये हैं—

1. धब्बा-यदि वैदूर्य में किसी अन्य रंग का धब्बा दिखाई दे तो वह रोगकारक सिद्ध होता है।

2. सुन्न-जिस लहसुनिया रत्न में चमक न हो वह लक्ष्मी का नाश करने वाला होता है।

3. खण्डित-यदि किसी लहसुनिया में खड्डा या छेद हो या वह खण्डित हो तो वह शत्रु भय बैठाता है।

4. रक्त बिन्दु-यदि किसी लहसुनिया से रक्त जैसे लाल रंग के छींटे दिखाई दें तो वह कारावास दिलाता है।

5. सफेद छींटे-यदि किसी लहसुनिया में सफेद छींट हो वह प्राण-कष्ट देता है।

6. क्रॉस-जिस लहसुनिया से क्रॉस जैसा निशान दिखाई दे तो वह शत्रुभय बढ़ाता है।

7. जिस वैदूर्य में ज्वाला दिखाई दे वह पत्नी के लिए घातक सिद्ध होता है।

8. यदि लहसुनिया में शहद के समान छींटे हों तो वह रत्न राज्य-व्यापार में रुकावटें पैदा करता है।

9. जिस लहसुनिया में पांच या इससे अधिक धारियां हों वह हानिकारक होता है।

10. यदि इस पर जो धारियां दिखाई देती हैं वह उबड़-खाबड़ या थरथराती सी हों तो वह लहसुनिया नेत्रों को कष्ट पहुंचाता है।

लहसुनिया के उपरत्न

लहसुनिया के मुख्यतः तीन उपरत्न होते हैं।

(अ) **गोदन्त**-यह सफेद रंग का चिकना एवं चमकीला होता है।

(a) यह अपेक्षाकृत वज़न में हलका होता है।

(b) विन्ध्य एवं हिमालय की घाटियां इसकी उत्पत्ति के स्थान हैं।

(ब) **संघीय**-संघीय उपरत्न में लाल, पीला, हरा, काला, मटमैला और सफेद रंग पाया जाता है। यह चिकना एवं चमकदार होता है तथा यह ज़्यादातर हिमालय की घाटियों में पाया जाता है।

(स) **गोदन्ती**-यह गाय के दांत के समान चमकीला होता है। यह ज़्यादातर गोमती नदी के किनारे पाया जाता है।

रोगों पर प्रभाव-

लहसुनिया रत्न रोग को निवारण करने में बहुत महत्त्वपूर्ण भूमिका अदा करता है।

1. प्रसव पीड़ा में यदि उसे सिर के बालों में बांध लिया जाये तो शीघ्र ही प्रसव हो जाता है।

2. बच्चों के गले में बांधने से उन्हें श्वास-सम्बन्धी रोग नहीं होते।

3. मात्र इसके धारण करने से अजीर्ण, आमवात, मधुमेह आदि रोग नष्ट हो जाते हैं।

4. दूध के साथ लहसुनिया की भस्म सेवन करने से गर्मी, सुजाक आदि रोग दूर हो जाते हैं।

5. शहद के साथ यदि इसकी भस्म का सेवन किया जाय तो खून के दस्त बन्द हो जाते हैं।

6. पीपल की राख के साथ यदि इसकी भस्म सेवन की जाये तो नेत्र-रोग नष्ट हो जाते हैं।

7. पीलिया या पाण्डु रोग में यह शरीर के पीलेपन को दूर करता है।

8. घी में लहसुनिया की भस्म सेवन की जाये तो नामर्दी दूर हो जाती है।

लहसुनिया का प्रयोग-मेष, मीन या धनु राशि का चन्द्रमा हो अथवा अश्विनी, मघा या मूल नक्षत्र हो तो उस दिन सायंकाल पांच बजे से आठ बजे के बीच लोह, पंचधातु या सोने की अंगूठी में यह रत्न जड़वायें तथा दूसरे दिन प्रातः 9 बजे ध्वजाकार केतु का स्पण्डिल बनावें। उस पर अंगूठी रखकर प्राण-प्रतिष्ठा करें एवं "**ह्लीं क्रीं क्रूं क्ररूयिण्ये कैतवे स्वाहा**।" मन्त्र की 2700 आहुतियां दें तथा केतु वेदोक्त मन्त्र का 17,000 जप करें। केतु मन्त्र निम्नलिखित है—

ओम केतुं कृण्वनकेतवे पेशीमयूर्या अपेशसे।
समुखादि रजा यथाः ।

इसके पश्चात् अंगूठी धारण कर पूर्णाहुति दें एवं तिक्त, कम्बल, कस्तूरी, शस्त्र, तेल आदि का दान करें। इस प्रकार करने से तेज बुद्धि, लक्ष्मी वृद्धि एवं शत्रुओं का संहार होता हैं।

लहसुनिया धारण करने से तीन वर्षों तक इसका प्रभाव रहता है। इसके बाद पुनः प्राण-प्रतिष्ठा करने पर ही यह फल देगा अन्यथा नहीं।

रत्न : ज्योतिष के आइने में

रत्नों का ज्योतिष के क्षेत्र में महत्त्वपूर्ण स्थान है। रत्नों के उपयोग तथा सहयोग से ज्योतिषी बड़े से बड़ा तथा कठिन से कठिन कार्य बड़ी सरलता से पूरा कर देता है। कभी-कभी तो अनहोनी को भी सम्भव बनाकर दिखा देता है तथा सभी को आश्चर्य में डाल देता है।

रत्नों में अपूर्व दैवी शक्ति निहित है और इस सम्बन्ध में जो मान्यताएं हैं इनका विवरण हम पहले कर चुके हैं। रत्नों का जो हम पर प्रभाव पड़ता है वह ग्रहों के रंगों और उनके प्रकाश की किरणों की कम्पन क्षमता के कारण है। विद्वानों के प्रयोग तथा गहरे अनुभव और दिव्य दृष्टि द्वारा यह जानकारी प्राप्त कर ली थी कि कौन-सा ग्रह किस रंग की किरणें प्रस्फुटित करता है और उसी के अनुसार उन्होंने ग्रहों के लिए रत्न निर्धारित किए। किसी ग्रह के निर्धारित रत्न द्वारा उसके रंग की किरणें मानव शरीर में प्रवेश करके अपने कम्पन (Vibration) से अपना प्रभाव सुदृढ़ बनाती हैं। रत्न इस प्रकार एक छानने के यन्त्र (Filter) के समान कार्य करता है और मानव शरीर में उन किरणें की आवश्यकतानुसार हानि या लाभ पहुंचाता है। ऐसी किरणों आती हों जिनका कम्पन (Vibration) किसी व्यक्ति विशेष के शरीर के लिए उपयुक्त नहीं है तो निर्धारित रत्न उस हानिप्रद प्रभाव को समेट लेता है और जातक की क्षति पहुंचने से भी रक्षा करता है। इन सब बातों को ध्यान में रखकर ही एक कुशल ज्योतिषी को जन्म-कुण्डली का सूक्ष्मता से अध्ययन करके जातक के लिए उपयुक्त रत्न धारण करने के लिए निर्धारित करना चाहिए।

कौन-सा रत्न कब उपयुक्त होगा और कब हानिप्रद होगा इसमें विद्वानों की एक राय नहीं है। कुछ विद्वान कहते हैं जो कुण्डली में पीड़ाकारक हो उस ग्रह को रत्न कुण्डली में शुभ फलदाता माना जाता है। केवल, उसी रत्न को समयानुसार धारण करना चाहिए। अशुभ फलदाता ग्रह के रत्न को धारण करना उचित न होगा। इस मत के समर्थकों का कहना है कि अशुभ फलदाता ग्रह का रत्न धारण करने से उनकी दी हुई पीड़ा शान्त नहीं होती वरन् उसका रत्न धारण करने से वह बलवान होकर और अधिक अशुभ फलदाता बन जाता है। एक मत और है कि ग्रहों में दो समुदाय होते हैं—एक नेता सूर्य और उसके सहयोगी हैं चन्द्र, बृहस्पति और मंगल। दूसरे समुदाय का नेता है सूर्यपुत्र शनि और उसके सहयोगी हैं बुध, शुक्र, राहु और केतु। इस मत के अनुसार जिस समुदाय का ग्रह लग्न का स्वामी हो उसके सहयोगी ग्रहों के रत्न आवश्यकतानुसार धारण करना चाहिए। विपक्षी दल के रत्न उस कुण्डली के लिए हानिप्रद होंगे।

एक और मत के अनुसार जो ग्रह किसी महादशा का स्वामी हो तो उसकी

महादशा में उस ग्रह का रत्न धारण करना चाहिए। चाहे महादशा का स्वामी उस कुण्डली के लिए अशुभ ग्रह ही क्यों न हो।

जन्म कुण्डली का परीक्षण करने से पहले यह देख लेना चाहिए कि उस कुण्डली के लिए अशुभ ग्रह कौन हैं? उन अशुभ ग्रहों के रत्न जातक को धारण करने की सलाह कभी नहीं देनी चाहिए। उनकी महादशा आने पर भी नहीं। अशुभ ग्रहों से हमारा अर्थ नैसर्गिक पाप ग्रहों से नहीं है, वरन् तृतीय, षष्ठ, अष्टम और द्वादश भाव के स्वामियों से हैं। इनका रत्न धारण करने से लेकर हमें जानना आवश्यक है।

अतः कौन-सा रत्न किसे धारण करना चाहिए और कब धारण करना चाहिए यह उल्लेख निम्नलिखित हैं।

(A) रत्न किसको धारण करना चाहिए

1. **माणिक्य**—माणिक्य रत्न सूर्य का है। जिस व्यक्ति की जन्म-कुण्डली में सूर्य शुभ भावों का स्वामी हो तो उस भाव को बढ़ाने के लिए माणिक्य रत्न धारण करना ही लाभदायक रहता है।

(अ) यदि सूर्य तीसरे, छठे या ग्यारहवें भाव में हो तो माणिक्य पहनना शुभ होता है।

(ब) यदि जन्म कुण्डली में सूर्य लग्न हो तो लग्न के प्रभाव को बढ़ानेके लिए माणिक्य पहनना चाहिए।

(स) अष्टम स्थान में यदि सूर्य हो या सूर्य अष्टमेश हो तो माणिक्य धारण करना चाहिए।

(द) सप्तम भाव में सूर्य की स्थिति हो तो माणिक्य पहनना गृहस्थ सुख के लिए आवश्यक होता है।

(य) जन्म कुण्डली में यदि सूर्य पंचम भाव में या नवम् भाव में हो तो तब भी उसे माणिक्य धारण करना चाहिए।

2. **मोती**—मोती चन्द्रमा का रत्न है। जिस जन्म कुण्डली में चन्द्रमा शुभ भावों का अधिपति हो ऐसे जातक को मोती धारण करना चाहिए।

(अ) यदि चन्द्रमा पंचमेश होकर बारहवें भाव में हो तभी मोती धारण करना शुभ माना गया है।

(ब) दूसरे भाव का स्वामी यदि चन्द्रमा हो और वह कुण्डली के कहीं पर भी हो तब भी मोती पहनना श्रेयस्कर माना गया है। यदि केन्द्र में चन्द्रमा की उपस्थिति ही मानी गयी है, ऐसे चन्द्र को बलवान बनाने के लिए मोती पहनना जरूरी है।

चदि चन्द्रमा राहु, केतु या मंगल की दृष्टि हो तो मोती पहनना अत्यन्त लाभकारी होता है तथा जिसकी कुण्डली में चन्द्र वृश्चिक राशि का होकर कहीं पर भी स्थित हो तो उसे अवश्य मोती धारण करना चाहिए।

चन्द्रमा यदि नीच, वक्री राहु के साथ या चन्द्रमा की अन्तर दशा हो तो उस व्यक्ति को भी मोती धारण करना शुभ माना गया है।

3. **मूंगा**—मूंगा मंगल का रत्न है। जिन व्यक्तियों की जन्म-कुण्डली में मंगल शुभ भावों का स्वामी हो तो ऐसे जातकों को मूंगा रत्न धारण करना शुभदायक होता है।

इस रत्न में यह विशेषता है कि यह रश्मि मण्डल में से केवल मंगल की रश्मियों को ही सोखता है। जिस व्यक्ति की जन्म-कुण्डली से मंगल दूषित अस्त्र या प्रभावहीन हो तो उसे मूंगा रत्न अवश्य धारण करना चाहिए।

4. **पन्ना**—पन्ना बुध का रत्न है। जिस व्यक्ति की जन्म कुण्डली में बुध भावों का अधिपति हो उस व्यक्ति को बुध रत्न पन्ना पहनना शुभ रहता है।

5. **पुखराज**—पुखराज बृहस्पति का रत्न है। इस सम्बन्ध में अनेक विद्वानों का मत है कि बृहस्पति का रत्न सफेद पुखराज है या पीला पुखराज, परन्तु कोई एकमत नहीं कर सके। परन्तु इसका रंग पीला ही होना चाहिए। यही ज्यादा उचित रहता है।

जिस व्यक्ति की कुण्डली में बृहस्पति शुभ भावों का अधिपति हो उन्हें पीला पुखराज धारण करना लाभदायक रहता है।

6. **हीरा**—हीरा शुक्र का रत्न है। जिन व्यक्तियों की जन्म-कुण्डली में शुक्र अच्छे भावों का अधिपति होता है उन्हें हीरारत्न अवश्य ही धारण करना चाहिए।

7. **नीलम**—नीलम शनि का रत्न है। जिस व्यक्ति की जन्म कुण्डली में शनि भावों का अधिपति हो उनको अवश्य ही नीलम रत्न पहनना चाहिए।

8. **गोमेद**—गोमेद रत्न राहु का रत्न माना जाता है। राहु एक छाया ग्रह है और इसकी कोई अपनी राशि नहीं होती है। यदि जन्म-कुण्डली में राहु लग्न चौथे, पांचवें, सातवें, नवें या दसवें भाव में हो तो राहु रत्न गोमेद धारण करना शुभ रहता है।

यदि राहु दूसरे, सातवें, आठवें तथा बारहवें भाव में हो तो व्यक्ति को भूलकर भी गोमेद नहीं पहनना चाहिए।

गोमेद के साथ मूंगा, माणिक्य, मोती व पीला पुखराज धारण करना भी हानिकारक होता है।

9. **लहसुनिया**—यह केतु का रत्न है। केतु भी एक छाया ग्रह है और इसकी भी अपनी कोई राशि नहीं होती। यदि जन्म-कुण्डली में केतु लग्न चतुर्थ, सप्तम, दशम, पंचम, नवम, तृतीय षष्ठ या एकादश भाव में हो तो यह रत्न धारण करना शुभ रहता है।

यदि केतु द्वितीय, सप्तम, अष्टम, या द्वादश भाव में हो तो कभी भी अपनी अंगुली में लहसुनिया नहीं जड़वाना चाहिए।

केतु रत्न के साथ माणिक्य, मोती, मूंगा या पीला पुखराज जड़वाना शुभ नहीं रहता।

(B) रत्न धारण की राशि अनुसार विधि

1. माणिक्य–

मेष लग्न–मेष लग्न में सूर्य पंच त्रिकोण का स्वामी है और लग्नेश मंगल का मित्र है। अतः मेष लग्न के जातक को बुद्धि-बल प्राप्त करने, आत्मोन्नति के लिए, सन्तान-सुख, प्रसिद्धि, राज्य-कृपा प्राप्ति के लिए सदा माणिक्य धारण करना चाहिए। सूर्य की महादशा में उसको धारण करना अत्यन्त लाभदायक होगा।

वृष लग्न–कुण्डली में सूर्य चतुर्थ केन्द्र का स्वामी है। परन्तु सूर्य लग्नेश शुक्र का शत्रु है। इसलिए इस लग्न के जातकों को माणिक्य केवल सूर्य की महादशा में धारण करना चाहिए अन्यथा उन्हें लाभ नहीं होगा बल्कि हानिकारक सिद्ध होगा। उनको धारण करने से पहले किसी विद्वान् से सलाह लेनी चाहिए। जिसको यह धारण करना आवश्यक है उसके पश्चात् उसको मानसिक शान्ति, सुख, विद्याध्ययन में सफलता, गृह-भूमि लाभ, मातृ-सुख तथा वाहन सुख प्राप्त होता है।

मिथुन लग्न–की कुण्डली में सूर्य तृतीय भाव का स्वामी होता है। अतः इस कुण्डली के जातक को यह रत्न भी धारण करना लाभदायक नहीं होगा।

कर्क लग्न–के लिए सूर्य धन भाव का स्वामी होगा। इस कुण्डली में सूर्य लग्नेश चन्द्र का मित्र है। अतः इस कुण्डली के जातक को धनाभाव के समय या आँखों के कष्ट के समय माणिक्य धारण करना चाहिए। धनाभाव मारक भाव भी होता है। अतः माणिक्य यदि मोती के साथ धारण किया जाय तो अति लाभदायक फल देता है।

सिंह लग्न–में सूर्य लग्नेश है। अतः इस लग्न के लिए माणिक्य अत्यन्त शुभ फलदायक होता है। इस लग्न के जातकों को आजीवन माणिक्य धारण करना चाहिए। इसके धारण करने से जातक शत्रुओं के मध्य निर्भय होकर रह सकेंगे और शत्रु-पक्ष से उनके विरुद्ध जो भी कार्यवाही होगी उससे उनकी रक्षा होती रहेगी। यह शारीरिक और मानसिक स्वास्थ्य की रक्षा करेगा और आयु में वृद्धि होगी। इस लग्न के जातक अत्यन्त भावुक होते हैं। अतः अपने मानसिक संतुलन को बनाये रखने के लिए तथा आत्मबल की उन्नति के लिए सदा माणिक्य धारण करना चाहिए।

कन्यालग्न–में सूर्य द्वादश का स्वामी होता है। इस लग्न के जातक को माणिक्य कभी धारण नहीं करना चाहिए। धारण करने से लाभ की अपेक्षा हानि होगी।

तुला लग्न–की कुण्डली में सूय जो लग्नेश शुक्र का शत्रु है एकादश (लाभ) भाव का स्वामी है। इस लग्न के जातक को माणिक्य केवल सूर्य की महादशा में धारण करना आर्थिक लाभ के लिए शुभ फलदायक होगा।

वृश्चिक लग्न–में सूर्य-दर्शन भाव का स्वामी है। यहाँ सूर्य लग्नेश का मित्र होता है। अतः राज्य कृपया, प्रतिष्ठामान, व्यवसाय या नौकरी में उन्नति प्राप्त

करने के लिए माणिक्या धारण करना शुभ फलदायक होता है। सूर्य की महादशा में इसका धारण करना विशेष रूप से शुभ होगा।

धनु लग्न—में सूर्य नवम(भाग्य) भाव का स्वामी होता है और यहाँ भी वह लग्नेश का मित्र होता है। अतः धनु लग्न के जातक माणिकय भाग्योन्नति, आत्मोन्नति तथा पितृ सुख के लिए आवश्यकतानुसार धारण कर सकते हैं। सूर्य की महादशा में माणिक्य विशेष रूप मे लाभदायक होगा।

मकर लग्न—के सूर्य अष्टम भाव का स्वामी होता है इसके लग्नेश शनि और सूर्य में परस्पर शत्रुता है। अतः इस लग्न के जातक को माणिक्य कभी धारण नहीं करना चाहिए।

कुम्भ लग्न—में सूर्य भाव का स्वामी होता है। जो भाव विशेष रूप से मादक स्थान है और क्योंकि सूर्य मारकेश होकर लग्नेश का शत्रु है। अतः कुम्भ लग्न के जातकों को माणिक्य से दूर रहना लाभप्रद होगा।

मीन लग्न—के जातकों को माणिक्य धारण करना लाभदयक न होगा। क्योंकि इस लग्न में सूर्य षष्ठ भाव का स्वामी होता है। इस लग्न में एक अपवाद हो सकता है। क्योंकि सूर्य लग्नेश बृहस्पति का मित्र है, अतः यदि वह षष्ठ का स्वामी होकर षष्ठ भाव में ही स्थित हो तो सूर्य की महादशा में माणिक्य धारण किया जा सकता है।

2. मोती—

मेष लग्न—मेष लग्न की कुण्डली में चन्द्र चतुर्थ भाव का स्वामी है। चतुर्थवेंश चन्द्र लग्नेश मंगल का मित्र है। अतः मोती धारण करने से मेष लग्न के जातक मानसिक शान्ति, मातृ सुख, विद्या लाभ, गृहभूमि लाभ आदि प्राप्तकर सकते हैं। मोती चन्द्र की महादशा में विशेष रूप से फलप्रद होगा। यदि मोती लग्नेश मंगल के रत्न मूंगे के साथ पहना जाये तो और भी अधिक लाभकर होगा।

वृष लग्न—की कुण्डली में चन्द्र तृतीय भाव का स्वामी है। इस लग्न के जातक को मोती कभी नहीं धारण करना चाहिए।

मिथुन लगन—में चन्द धन भाव का स्वामी है। चन्द्र की महादशा में इस लगन का जातक मोती पहनना चाहे तो पहन सकता है। परन्तु यदि इसके बिना काम चल सके तो अच्छा होगा। क्योंकि चन्द्र मारकेश भी है परन्तु कुण्डली में यदि चन्द्र द्वितीय होकर एकादश, दशम या नवम् भाव में स्थित हो या द्वितीय ही में स्वराशि में हो तो चन्द्र की महादशा में मोती धारण करने से लाभ होगा।

कर्क लग्न—में चन्द्र लग्नेश हैं। अतः इस लग्न के जातकों को आजीवन मोती धारण करना चाहिए। मोती उनके स्वास्थ्य की रक्षा करेगा तथा आयु में वृद्धि होगी। आर्थिक संकट में भी रक्षा कवच बना रहेगा। मोती पवित्रता, शुद्धता और विन्रमता का सूचक है।

सिंह लग्न—में चन्द्र द्वादश का स्वामी है। अतः इस लग्न के जातक को मोती धारण नहीं करना चाहिए। यदि चन्द्र द्वादश में स्वराशि में स्थित हो तो चन्द्र की महादशा में मोती धारण किया जा सकता है।

कन्या लग्न—में चन्द्र एकादश (लाभ) भाव का स्वामी होता है। चन्द्र की महादशा में मोती धारण करने से आर्थिक लाभ, यश प्राप्ति तथा सन्तान सुख प्राप्त हो सकता है।

तुला लग्न—में चन्द्र दशम का भाव स्वामी होता है। यद्यपि चन्द्र और लग्नेश मित्र नहीं हैं, परन्तु तुला लग्न वाले को मोती धारण करने से राज्य-कृपा, यश, मान-प्रतिष्ठा प्राप्त होती है। नौकरी या व्यवसाय में उन्नति होती है। महादशा में मोती धारण बड़ा लाभदायक होता है।

वृश्चिक लग्न—में चन्द्र नवम (भाग्य) भाव का स्वामी है। अतः मोती धारण करने से धर्म, कर्म और भाग्य में उन्नति होती है। पितृ-सुख प्राप्त होता है, यश बढ़ता है।

धनु लग्न—में चन्द्र अष्टम का स्वामी होता है। अतः इस लग्न के जातक को मोती कभी धारण नहीं करना चहिए।

मकर लग्न—में चन्द्र सप्तम का स्वामी होने के कारण मारकेश होता है। वह लग्नेश शनि का शत्रु भी है अतः इस लग्न के जातक के लिए मोती हानिकारक प्रमाणित होगा।

कुम्भ लग्न—में चन्द्र षष्ठ भाव का स्वामी होता है। चन्द्र लग्नेश शनि का शत्रु भी है अतः इस लग्न के जातक को मोती धारण नहीं करना चाहिए।

मीन लग्न—ये चन्द्र पंचम त्रिकोण (सुख भाव) का स्वामी होता है। मोती धारण करने से जातक को सन्तान सुख, विद्या-लाभ तथा यश, मान प्राप्त होता है। अतः मोती धारण करने से भाग्योन्नति भी होती है। चन्द्र की महादशा में मोती धारण करना विशेष फलदायी होगा।

3. मूंगा—

मेष लग्न—में मंगल लग्न का स्वामी है। अतः मेष लग्न के जातक को मूंगा आजीवन धारण करना चाहिए। उसके धारण करने से आयु, बुद्धि, स्वास्थ्य में उन्नति, यश, मान प्राप्त होगा तथा जातक सभी प्रकार सुखी होगा।

वृष लग्न—से मंगल द्वादश और सप्तम का स्वामी होता है। अतः इसके जातक को मूंगा नहीं पहनना चाहिए।

मिथुन लग्न—इसमें मंगल षष्ठ और एकादश या षष्ठ में ही स्थित हो तो मंगल की महादशा में मूंगा धारण किया जा सकता है। मिथुन लग्न के जातक यदि मूंगे से दूर रहें तो अच्छा ही है। क्योंकि लग्नेश बुध और मंगल परस्पर मित्र नहीं हैं।

कर्क लग्न—के लिए मंगल पंचम और दशम भाव का स्वामी होने के कारण एक योग है कारक ग्रह है। इसको यदि सदा धारण किया जाये तो सन्तान सुख, बुद्धिबल, भाग्योन्नति, यश, मान, प्रतिष्ठा राज्य-कृपा से सफलता प्राप्त होती है। यदि लग्लेश के रत्न मोती के साथ मूंगा धारण किया जाये तो बहुत शुभ फलदायक होता है। विशेषकर स्त्रियों के लिए मंगल की महादशा में इसको धारण करना अत्यन्त लाभप्रद सिद्ध होता है।

सिंह लग्न —में भी चतुर्थ और नवम भावों का स्वामी होने के कारण मंगल कारक गृह माना जाता है। इसके धारण करने से मानसिक शान्ति, गृह तथा भूमि-लाभ, धन-लाभ, मातृ-सुख, यश, मान प्रतिष्ठा और भाग्योन्नति होती है। यदि यह माणिक्य के साथ धारण किया जाये तो विशेष फल प्रदान करता है।

कन्या लग्न—में मंगल तृतीय और अष्टम दो अशुभ भावों का स्वामी है। कन्या लग्न के जातक को मूंगा धारण नहीं करना चाहिए।

तुला लग्न—में मंगल द्वितीय भाव में स्वराशि में हो तो मंगल की महादशा में यदि उनकी मृत्यु का समय निकट न आ गया हो तो मूंगा धारण करके धन लाभ प्राप्त किया जा सकता है।

वृश्चिक लग्न—में मंगल लग्नेश है अतः इस लग्न के जातक के लिए मूंगा धारण करना उतना ही लाभप्रद होगा।

धनु लग्न—में मंगल पंचम त्रिकोण तथा द्वादश स्वामी है। एक त्रिकोण स्वामी होने के कारण मंगल इस लग्न के लिए शुभ ग्रह माना गया है। इसे धारण करने से सन्तान, धन, यश व भाग्योदय होता है।

मकर लग्न—में मंगल चतुर्थ और एकादश भावों का स्वामी है। मंगल की महादशा में मूंगा धारण करने से मातृ-सुख, भूमि, गृह, वाहन सुख की प्राप्ति होती है तथा आर्थिक लाभ होता है।

कुम्भ लग्न—के लिए मंगल तृतीय तथा दशम भावों का स्वामी है। यदि मंगल दशम में स्वराशि में हो तो मंगल की महादशा से इसके धारण करने से राज्य-कृपा, व्यवसाय में उन्नति होती है। इसके जातक को मूंगा धारण नहीं करना चाहिए।

मीन लग्न—के लिए मंगल द्वितीय भाव और नवम त्रिकोण का स्वामी होने के कारण अत्यन्त शुभ ग्रह माना गया है। अतः इस लग्न के जातक को मूंगा धारण करना विशेष रूप से लाभप्रद होगा। यदि इस लग्न के जातक मूंगा या मोती या पीले पुखराज के साथ धारण करें तो उन्हें सब प्रकार का सुख प्राप्त होगा।

4. पन्ना—

वृषभ लग्न—के लिए बुध द्वितीय और पंचम त्रिकोण का स्वामी होकर एक योग कारक ग्रह बन जाता है। इसके कारण से जातक को पारिवारिक शान्ति, धन लाभ, बुद्धि-बल, सन्तान सुख, यश, मान तथा भाग्योन्नति प्राप्त होती है। बुद्ध की महादशा में पन्नाधारण अति लाभकारी होता है। यदि इस लग्न के जातक पन्ने को

हीरे के साथ पहनें तो यह जोड़ा उनके जीवन में समृद्धि देगा।

मेष लग्न—के लिए बुध दो अनिष्ट भावों-तृतीय और षष्ठ का स्वामी है। अतः इस लग्न के जातक को पन्ना लाभदायक होगा।

मिथुन लग्न—के लिए बुध लग्न और चतुर्थ का स्वामी है। इस लग्न के जातक को पन्ना सदा रक्षा-कवच के रूप में धारण करना चाहिए। इसके धारण से धन, शिक्षा, यश, मान-प्रतिष्ठा, आदि में वृद्धि होती है।

कर्क लग्न—के लिए दो अशुभ भावों-तृतीय और द्वादश का स्वामी होता है। इस लग्न के जातक को पन्ना धारण करना चाहिए।

सिंह लग्न—के लिए बुध द्वितीय और एकादश का स्वामी होता है। इस लग्न के जातक को बुध की महादशा में पन्ना धारण करने से सन्तान सुख, पारिवारिक सुख, अतुल धन-लाभ, मान-प्रतिष्ठा बढ़ती है।

कन्या लग्न—के लिए बुध लग्न तथा दशम भाव का स्वामी होता है। इस लग्न के जातक को पन्ना सदा धारण करना चाहिए। वह शरीर-स्वास्थ्य की रक्षा करता है तथा आयु बढ़ाता है। बुध की दशा से पन्ना विशेष रूप से फलदायक होता है।

तुला लग्न—के लिए नवम और द्वादश भावों का स्वामी होता है। द्वादश में उसका मूल त्रिकोण राशि पड़ती है। परन्तु तब भी नवम त्रिकोण का स्वामी होने के कारण बुध इस लग्न के लिए शुभ ग्रह माना गया है। इसके जातक को पन्ने को हीरे के साथ धारण करना होगा।

वृश्चिक लग्न—के लिए बुध अष्टम और एकादश का स्वामी है लग्नेश मंगल और बुध परस्पर मित्र नहीं हैं। अतः बुध इस लग्न के लिए शुद्ध ग्रह नहीं है, तब भी यदि एकादश का स्वामी होने के कारण बुध लग्न द्वितीय, चतुर्थ या पंचम तथा नवम या एकादश में स्थित होने के कारण ही बुध की महादशा में पन्ना धारण करने से आर्थिक लाभ होगा, सम्पन्नता में वृद्धि होगी।

धनु लग्न—के लिए बुध सप्तम और दशम भाव का स्वामी होता है। वह केन्द्राधिपति दोष से दूषित होता है तब भी बुध लग्न द्वितीय, पंचम, नवम, दशम या एकादश भाव में स्थित हो तो बुध की महादशा में आर्थिक लाभ, व्यवसाय में उन्नति और समृद्धि में वृद्धि होगी। यदि बुध किसी निकृष्ठ भाव में स्थित हो तो पन्ना न पहनना ही श्रेयष्कर होगा।

मकर लग्न—के लिए बुध षष्ठ और नवम भाव का स्वामी होगा। नवम त्रिकोण में उसकी मूल त्रिकोण राशि में पड़ती है इस कारण बुध इस लग्न के लिए शुभ माना गया है। बुध लग्नेश शनि का मित्र भी है इसलिए पन्ना सदा नीलम के साथ धारण करना ही उचित होगा। बुध की महादशा में पन्ना धारण करना ही फलदायी होगा।

कुम्भ लग्न—के लिए बुध पंचम त्रिकोण और अष्ठम भाव का स्वामी है, त्रिकोण का स्वामी होने के कारण वह इसके लिए शुभ माना गया है। यदि पन्ने को हीरे के साथ धारण किया जाये तो वह अत्यन्त शुभ लाभदायक बन जायेगा।

क्योंकि शुक्र इस लग्न के लिए चतुर्थ और नवम का स्वामी होने के कारण योग कारक ग्रह है। पन्ना लग्नेश शनि के रत्न नीलम के साथ धारण करने से शुभ फल देगा।

मीन लग्न—के लिए बुध चतुर्थ और सप्तम का स्वामी होने के कारण केन्द्राधिपति दोष से दूषित है। तब यदि बुध लग्न द्वितीय, पंचम, नवम, दशम या एकादश में स्थित हो या स्वराशि में सप्तम में भी हो तो आर्थिक दृष्टि से बुध की महादशा में शुभ फलदायक होगा। जिनकी आयु का अन्त निकट हो उन्हें पन्ना धारण नहीं करना चाहिए।

5. पुखराज—

मेष लग्न—के लिए बृहस्पति नवम त्रिकोण और द्वादश भावों का स्वामी है। नवम त्रिकोण का स्वामी होने के कारण बृहस्पति इस लग्न के लिए शुभ ग्रह माना गया है। अतः पुखराज धारण करने से जातक की बुद्धि, बल, ज्ञान, विद्या में उन्नति, धन, मान-प्रतिष्ठा तथा भाग्य में उन्नति होती है। इसकी महादशा में धारण करना ज्यादा लाभदायक सिद्ध होगा। यदि इसे मूंगे के साथ धारण किया जाये तो बहुत लाभप्रद होगा।

वृषभ लग्न—के लिए बृहस्पति अष्टम और एकदश भाव का स्वामी होता है। बृहस्पति वृषभ के लिए शुभ नहीं माना जाता। इसके अतिरिक्त लग्नेश शुक्र और बृहस्पति में परस्पर मित्रता नहीं है। तब भी यह यदि एकादश का स्वामी होकर बृहस्पति द्वितीय, चतुर्थ पंचम, नवम, या लग्न में स्थित हो तो बृहस्पति की महादशा में पीले पुखराज के धारण से धन-लाभ में वृद्धि होगी।

मिथुन लग्न—के लिए बृहस्पति सप्तम और दशम भावों का स्वामी होने के कारण केन्द्राधिपति दोष से दूषित है। तब भी यदि बृहस्पति लग्न द्वितीय, एकादश या किसी त्रिकोण में स्थित हो तो बृहस्पति की महादशा में पीला पुखराज धारण करने से सन्तान, सुख-समृद्धि में वृद्धि तथा धन की प्राप्ति होती है। यह मारकेश भी है। आर्थिक या संसारिक सुख देकर वह मारक भी बन सकता है।

कर्क लग्न—के लिए बृहस्पति षष्ठ और नवम् का स्वामी होता है। नवम् त्रिकोण का स्वामी होता है। इस लग्न के लिए शुभ ग्रह माना गया है अतः इस लग्न के जातक को पुखराज धारण करने से सन्तान-सुख, ज्ञान में वृद्धि, भाग्योन्नति, पितृ-सुख, ईश्वर-भक्ति की भावना, तथा धन की प्राप्ति होती है। उसको मान व प्रतिष्ठा भी मिलती है। यदि पीला पुखराज इस लग्न का जातक मोती या मूंगे के साथ-साथ धारण किया जाये तो अत्यन्त लाभप्रद होगा।

सिंह लग्न—के लिए बृहस्पति पंचम, त्रिकोण और अष्ट भाव का स्वामी होता है। पंचम त्रिकोण का स्वामी होने के कारण वह इस लग्न के लिए शुभ ग्रह माना जाता है। अतः सिंह लग्न के जातकों के लिए पीला पुखराज धारण करना अत्यन्त लाभदायक होगा। यदि यह माणिक्य के साथ धारण किया जाय तो अति उत्तम

होगा।

कन्या लग्न—के लिए बृहस्पति चतुर्थ और सप्तम का स्वामी होता है। अतः वह केन्द्राधिपति दोष से दूषित होता हुआ प्रबल मारकेश है। तब भी यदि बृहस्पति लग्न द्वितीय, चतुर्थ, पंचम, सप्तम, नवम्, दशम या एकादश में स्थित हो तो बृहस्पति की महादशा में इससे सन्तान सुख, ज्ञान, विद्या, धन, मान, प्रतिष्ठा प्राप्त होगी।

तुला लग्न—के लिए बृहस्पति तृतीय व षष्ठ का स्वामी होने के कारण शुभ ग्रह माना गया है । इसके अतिरिक्त लग्नेश मंगल और बृहस्पति परस्पर मित्र हैं। अतः वृश्चिक लग्न के जातको को पीला पुखराज तथा तुला लग्न के जातक को यह धारण नहीं करना चाहिए।

वृश्चिक लग्न—के लिए बृहस्पति द्वितीय और पंचम त्रिकोण का स्वामी होने के कारण शुभ ग्रह माने गये हैं। इसके अतिरिक्त लग्नेश मंगल और बृहस्पति परस्पर मित्र हैं। अतः वृश्चिक लग्न के जातकों को पीला पुखराज पहनना चाहिए।

धनु लग्न—के लिए बृहस्पति लग्न और चतुर्थ का स्वामी होने के कारण अत्यन्त शुभ ग्रह है। इस लग्न के जातक पीला पुखराज सदा रक्षा कवच के समान धारण कर सकते हैं। बृहस्पति की महादशा में यह अत्यंत लाभदायक होता है। पुखराज यदि नवम् (भाग्य) के स्वामी सूर्य के रत्न माणिक्य के साथ धारण किया जाये तो उससे शुभ फल में वृद्धि होगी।

मकर लग्न—के लिए बृहस्पति तृतीय और द्वादश का स्वामी होने के कारण अत्यन्त शुभ ग्रह है। अतः इस लग्न के जातक को पुखराज कभी नहीं पहनना चाहिए।

कुम्भ लग्न— के लिए बृहस्पति द्वितीय (धनाभाव) और एकादश (लाभ) भावों का स्वामी होता है। लग्नेश शनि बृहस्पति का शत्रु है तब भी बृहस्पति की दशा में पुखराज धारण करने से धन की प्राप्ति, समृद्धि में वृद्धि, सन्तान सुख, विद्या में उन्नति, नया बुद्धि बल, प्राप्त होता है। परन्तु बृहस्पति द्वितीय का स्वामी होने के कारण मारकेश भी है।

मीन लग्न—के लिए बृहस्पति लग्न तथा दशम का स्वामी होने से शुभ ग्रह है। इस लग्न के जातक पीला पुखराज धारण करके अपनी मनोकामनाएँ पूर्ण कर सकते हैं। बृहस्पति की महादशा में इसका धारण विशेष रूप से हितकारी होगा। यदि पुखराज नवम् के स्वामी मंगल के रत्न मूंगे के साथ धारण किया जाए तो और भी उत्तम फल होगा।

6. हीरा—

मेष लग्न के लिए शुक्र द्वितीय और सप्तम स्थान का स्वामी होने के कारण प्रबल मारकेश है। इसके अतिरिक्त लग्नेश मंगल और शुक्र में परस्पर मित्रता नहीं है। तब भी कुण्डली में यदि शुक्र स्वगृही अपनी उच्चराशि में हो या यह शुभ स्थिति

हो तो शुक्र की महादशा में हीरा-धारण से धन-प्राप्ति, दाम्पत्य-सुख, विवाह सुख हो सकता है। परन्तु मारक भी हो सकता है।

वृषभ लग्न—के लिए शुक्र लग्नेश है। अतः इस लग्न के जातक स्वास्थ्य-लाभ, आयु-वृद्धि तथा जीवन में उन्नति प्राप्ति के लिए सदा हीरा धारण कर सकते हैं।

मिथुन लग्न—के लिए शुक्र द्वादश और पंचम का स्वामी होता है। पंचम त्रिकोण में उसकी मूल त्रिकोण राशि पड़ती है। अतः इस लग्न के लिए शुक्र शुभ माना गया है। इसके अतिरिक्त शुक्र और लग्नेश बुध में परस्पर मित्रता है। इस कारण से शुक्र की महादशा में हीरा धारण करने से उन्नति, सन्तान-सुख, मान, यश-प्रतिष्ठा तो और भी शुभ फलकारी बन जाएगा।

कर्क लग्न—के लिए शुक्र चतुर्थ एकादश का स्वामी है। शुक्र इस लग्न के लिए अशुभ होता है। इसके अलावा लग्नेश चन्द्रमा और शुक्र परस्पर मित्र नहीं हैं तब भी चतुर्थ और एकादश कुण्डली में शुभ भाव होते हैं। अतः शुक्र की महादश में हीरा धारण किया जाये तो शुभ फलकारी होता है।

सिंह लग्न—के लिए शुक्र तृतीय व एकादश का स्वामी होने के कारण शुभ ग्रह नहीं माना जाता। परन्तु यदि एकादश का स्वामी हो तो शुक्र की महादशा में हीरा धारण करने से धन-प्राप्ति तथा मान-प्रतिष्ठा में वृद्धि होती।

कन्या लग्न—के लिए हीरा द्वितीय, नवम् का स्वामी होने से अत्यन्त शुभ और योगकारक ग्रह माना जाता है। अतः हीरा धारण करने से लग्न के जातक को हर प्रकार की उन्नति प्राप्त होगी, यदि हीरा पन्ने के साथ धारण किया जाय तो अति उत्तम होगा।

तुला लग्न—के लिए शुक्र लग्न का स्वामी है। अतः इस लग्न के जातक इसको धारण करने से स्वास्थ्य लाभ, आयु में वृद्धि, यश, मान तथा भाव शुक्र की महादशा में धारण करने में अति लाभकारी होगा।

वृश्चिक लग्न—के लिए शुक्र व्यय भाव तथा सप्तम भाव (कारक स्थान) का स्वामी होता है। इसके अतिरिक्त लग्नेश मंगल और शुक्र में परस्पर मित्रता नहीं होती। अतः इन जातकों को हीरा धारण नहीं करना चाहिए।

धनु लग्न—के लिए शुक्र षष्ठ और एकादश का स्वामी होने के कारण शुभ ग्रह नहीं माना जाता है। इसके अलावा शुक्र लग्नेश बृहस्पति का शत्रु है। तब भी यदि एकादश का स्वामी होकर कुण्डली में शुक्र द्वितीय, चतुर्थ, पंचम, नवम, एकादश या लग्न में स्थित हो तो शुक्र की महादशा में हीरा धारण करने से आर्थिक लाभ और भग्योन्नति होगी।

मकर लग्न तथा **कुम्भ लग्न** के लिए क्रमशः पंचम तथा दशम और चतुर्थ और नवम का स्वामी होने के कारण शुक्र अत्यन्त शुभ और योग कारक ग्रह माना गया है। शुक्र की महादशा में हीरा अवश्य धारण करना चाहिए। हीरा यदि नीलम के साथ धारण किया जाय तो उत्तम फलदायक होगा।

मीन लग्न—के लिए शुक्र तृतीय और अष्टम का स्वामी होने के कारण अत्यन्त

अशुभ ग्रह माना गया है। इस लग्न के जातक को हीरा कभी भी धारण नहीं करना चाहिए।

7. नीलम—

मेष लग्न—के लिए शनि दशम और एकादश का स्वामी है। दोनों शुभ भाव हैं। एकादश भाव के स्वामित्व के कारण शनि को लग्न के लिए शुभ ग्रह नहीं माना है। परन्तु शनि द्वितीय, चतुर्थ, पंचम, नवम, दशम, एकादश या लग्न में स्थित हो तो शनि की महादशा में नीलम धारण करने से हर दिशा में लाभ होता है।

वृषभ लग्न—के लिए शनि नवम् और दशम भावों का स्वामी होने के कारण अत्यन्त शुभ और योग कारक ग्रह माना गया है। इसके धारण करने से सदा सुख-सम्पदा, समृद्धि, मान-प्रतिष्ठा तथा धन की प्राप्ति होती है। यदि नीलम लग्नेश रत्न हीरे के साथ धारण किया जाय तो अति लाभकारी होता है।

मिथुन लग्न—के शनि अष्ठम और नवम् का स्वामी होता है। नवम् त्रिकोण का स्वामी होने से इस लग्न के लिए शुभ ही माना गया है। यदि शनि की महादशा में यह रत्न धारण किया जाय तो लाभदायक होगा। यदि नीलम को पन्ने के साथ धारण किया जाय तो अति उत्तम होगा।

कर्क लग्न—के लिए शनि सप्तम (मारक स्थान) और अष्टम (दुःस्थान) भावों का स्वामी होने के कारण अशुभ ग्रह माना जाता है। शनि लग्नेश का मित्र भी है अतः इस लग्न के जातक को नीलम कभी नहीं धारण करना चाहिए।

सिंह लग्न—के लिए शनि षष्ठ (दुःस्थान) और सप्तम (मारक) भावों का स्वामी होने के कारण अशुभ ग्रह माना गया है। शनि लग्नेश सूर्य का शत्रु भी है अतः इस जातक को नीलम धारण नहीं करना चाहिए।

कन्या लग्न—के लिए शनि पंचम और षष्ठ भावों का स्वामी होने के कारण शनि को इस लग्न के लिए अशुभ ग्रह नहीं माना गया है। अतः शनि की महादशा में इसका जातक नीलम धारण करके लाभ उठा सकता है।

तुला लग्न—के लिए चतुर्थ और पंचम का स्वामी होने के कारण अत्यन्त शुभ और योगकारक ग्रह माना गया है। यह लग्नेश शुक्र का अभिन्न मित्र है। अतः इस लग्न का जातक इस रत्न को धारण करके सब प्रकार सुख प्राप्त कर सकता है। शनि की महादशा में यह विशेष रूप से फलदायी होता है। लग्नेश शुक्र के रत्न हीरे या नवम् भाव के स्थाई बुध के रत्न पन्ने के साथ नीलम धारण करने से विशेष फलदायी होगा।

वृश्चिक लग्न—के लिए शनि तृतीय और चतुर्थ का स्वामी है। शनि इस लग्न के लिए शुभ ग्रह नहीं माना जाता है। तब भी यदि शनि चतुर्थ का स्वामी होकर पंचम, नवम्, दशम् और एकादश में हो तो शनि की महादशा में रत्न धारण किया जा सकता है। क्योंकि शनि और लग्नेश मंगल परस्पर मित्र नहीं हैं। एक अग्नि है दूसरा बर्फ है।

धनु लग्न—के लिए शनि द्वितीय (मारक स्थान) और तृतीय भावों का स्वामी होने के कारण इस लग्न के लिए अशुभ ग्रह माना गया है। इसके अतिरिक्त शनि लग्नेश बृहस्पति का शत्रु है इस जातक को नीलम धारण नहीं करना चाहिए।

मकर लग्न—के शनि लग्न और धनाभाव का स्वामी है। इस लग्न के जातक को नीलम सदा सुख और सम्पन्नता प्राप्त करने के लिए धारण करना चाहिए।

कुम्भ लग्न के लिए शनि द्वादश का स्वामी होते हुए भी लग्नेश है। उसकी मूल त्रिकोण राशि लग्न में पड़ती है। अतः कुम्भ लग्न के जातक को नीलम शुभ फल देता है।

मीन लग्न—मीन लग्न में शनि एकादश और द्वादश का स्वामी होने के लिए अशुभ ग्रह माना गया है। इसके अतिरिक्त शनि लग्नेश का शत्रु भी है तब भी एकादश का स्वामी होकर शनि यदि द्वितीय, चतुर्थ, पंचम, नवम् या लग्न में स्थित हो तो शनि की महादशा में नीलम धारण करने से आर्थिक लाभ हो सकता है। परन्तु इसके जातक को नीलम नहीं पहनना ही उचित होगा।

(C) धारण विधि : रत्नों की

1. **माणिक्य**—जो माणिक्य धारण किया जाय वह कम-से-कम ढाई रत्ती का हो और यथा सम्भव शुद्ध हो। उसको रविवार, सोमवार तथा बृहस्पतिवार को खरीदकर सोने की अंगूठी में इस प्रकार जड़ा जाय कि त्वचा को स्पर्श करे। ऐसी अंगूठी को Touching Ring कहते हैं। अंगूठी शुक्ल पक्ष के किसी रविवार के दिन सूर्योदय के समय धारण करनी चाहिए। धारण करने से पूर्व अंगूठी को कच्चे दूध या गंगाजल में डुबोकर रखना चाहिए। फिर उसको शुद्ध जल से स्नान कराकर पुष्प, चन्दन और धूप-बत्ती में उसकी उपासना करनी चाहिए और 7000 बार निम्न लिखित मंत्र का जप करना चाहिए।

मंत्र—ॐ घृणिः सूर्याय नमः।

यह अंगूठी दाहिने हाथ की तर्जनी अंगुली में पहननी चाहिए।

माणिक्य एक मंहगा रत्न है और सम्भव है, बहुत लोग उसको खरीदने में असमर्थ रहें। वे माणिक्य की बदल के रूप में लालड़ी (Spinel) लाल रंग का तामड़ा (Granet), सूर्यकान्त मणि (Sun Stone) या माणिक्य के रंग का जिरकन पहन सकते हैं।

परन्तु माणिक्य और उसके बदले रत्नों के साथ हीरा, नीलम, गोमेद और लहसुनिया कभी नहीं धारण करें।

2. **मोती**—2, 4, 6, अथवा 11 रत्ती का मोती चांदी की अंगूठी में सोमवार या बृहस्पतिवार को खरीदकर या जड़वाकर किसी शुक्ल पक्ष के सोमवार को जो उपासनादि की विधि के अनुसार पूजा करके तथा 11,000 बार निम्नलिखित मन्त्र जप करने के पश्चात सन्ध्या के समय धारण करें। यदि चन्द्र के दर्शन करके धारण करें तो और भी अच्छा होगा।

मंत्र—ॐसो सोमायः नमः।

यदि मोती न पहन सकें तो चन्द्रकान्त मणि (Moon Stone) धारण करना चाहिए।

मोती के बदले वाले रत्न के साथ हीरा, पन्ना, नीलम, गोमेद और वैदूर्य कभी नहीं पहनना चाहिए।

3. **मूंगा**—मूंगा सोने की अंगूठी में जड़ा जाना चाहिए। मूंगे का वज़न 6 रत्ती से कम न होना चाहिए, मूंगा यदि मंगलवार के दिन खरीदा जाय और अंगूठी में जड़वाया जाय तो उत्तम होगा। मूंगे की अंगूठी को विधिपपूर्वक उपासनादि कर के तथा 10,000 बार मंत्र जप करने के पश्चात् किसी शुक्ल पक्ष के मंगलवार को सूर्योदय से एक घण्टे पश्चात् धारण करना चाहिए। अंगूठी दाहिने या बायें हाथ की अनामिका अंगूठी (Ring Finger) में धारण करनी चाहिए।

मंत्र—ॐ अं अंगारकाय नमः।

यदि मूंगे के बदले संगमूँगी, तामड़ा (लाल), लाल जेस्पर और अम्बर (कहरूवा) धारण कर सकते हैं

परन्तु मूंगे के साथ भूलकर भी पन्ना , हीरा, नीलम, गोमेद और वैदूर्य धारण न करें।

4. **पन्ना**—पन्ना जहां तक हो सके चांदी की अंगूठी में बुधवार को जड़वाना चाहिए। फिर विधिपूर्वक उसकी उपासना करके और मंत्र का 9000 बार जप करके किसी शुक्ल पक्ष के बुधवार को सूर्योदय के दो घण्टे बाद धारण करना चाहिए। पन्ना सोने की अंगूठी में भी पहन सकते हें। परन्तु चांदी की उत्तम रहती है। वज़न 3 रत्ती से कम नहीं होना चाहिए। जहां तक हो सके अंगूठी दाहिने हाथ की कनिष्ठा उंगली में धारण करनी चाहिए।

मंत्र—ॐ बुं बुधायनमः।

पन्ने के बदले में एक्वामेरीन हरे रंग का जिरकन, फीरोजा या पेरीडॉट धारण करना चाहिए। परन्तु पन्ने के साथ मोती और मूंगा धारण नहीं करना चाहिए।

5. **पुखराज**—पुखराज को सोने की अंगूठी में जड़ा जाना चाहिए। श्रेयस्कर यही होगा कि यह कार्य बृहस्पतिवार को सम्पन्न किया जाय। 3 रत्ती से कम के पुखराज से कोई लाभ नहीं होता, यह रत्न सात या बारह या तीन रत्ती की होनी चाहिए। विधि के बाद 19,000 निम्नलिखित मंत्र जप करके किसी शुक्ल पक्ष के बृहस्पतिवार को सूर्यास्त से एक घण्टे पूर्व श्रद्धापूर्वक पुखराज की अंगूठी को तर्जनी अंगुली में धारण करना चाहिए।

मंत्र—ॐ बृं बृहस्पतये नमः।

पुखराज के बदले में पीला मोती, पीला जिरकन या सुनेला धारण करना चाहिए।

6. **हीरा**—हीरा प्लेटिनम या चाँदी की अंगूठी में धारण करना चाहिए। जहां तक हो सके शुक्रवार के दिन ही यह अंगूठी बनवाई जाय। हीरा 2.5 सैन्ट से लेकर

1½ रत्ती का धारण करें तो काम चलेगा। अगर अधिक वजन का करें तो लाभ ही होगा। उपासना के बाद मंत्र को 16,000 बार जपकर किसी शुक्ल पक्ष के शुक्रवार को प्रातः काल श्रद्धा के साथ कनिष्ठा अंगुली में अंगूठी को धारण करें।

मंत्र—ॐ शु शुक्राय नमः।

हीरे के बदले 3 रत्ती से अधिक वजन का सफेद जिरकन या सफेद तुरमली धारण कर सकते हैं। अगर इसमें भी असमर्थ हों तो सफेद स्फटिक (बिल्लौर) कम से कम 6 रत्ती वज़न की चांदी की अंगूठी में धारण करें। परन्तु हीरे के साथ माणिक्य, मोती, मूंगा या पीला पुखराज धारण न करना चाहिए।

7. **नीलम**—नीलम को शनिवार के दिन पंच धातु या स्टील की अंगूठी में जड़वाकर विधि अनुसार उसकी उपासनादि करके सूर्यास्त से दो घण्टे पूर्व मध्य अंगुली में धारण करना चाहिए। रत्न का वज़न चार रत्ती से कम नहीं होना चाहिए। तथा मंत्र का 23 हजार बार जप करना चाहिए

मंत्र—ॐ शं शनैश्चरायनमः।

जो व्यक्ति नीलम खरीदने में असमर्थ हो बदले में नीलम जिरकन, कटैला (Amexthyst) या लाजवन्ति (Lapis Lazuli) धारण कर सकते हैं। परन्तु! नीलम के साथ माणिक्य, मोती, पीला पुखराज या मूंगा कभी भी धारण नहीं करना चाहिए।

8. **गोमेद**—शनिवार के दिन अष्ट धातु की (सम्भव हो तो) चांदी की अंगूठी में गोमेद जड़वाकर सायंकाल के दो घंटे बाद विधि अनुसार रत्न की उपासना, जपादि करके मध्यमा अंगुली में धारण करना चाहिए। गोमेद का वजन 6 रत्ती से कम न होना चाहिए। राहु के मंत्र को 18,000 बार जपना चाहिए।

मंत्र—ॐ रां राहुवे नमः।

गोमेद के साथ माणिक्य, मूंगा और मोती कभी धारण नहीं करना चाहिए। हो सके तो पीला पुखराज इसके साथ धारण न करें।

9. **वैदूर्य (लहसुनिया)**—चांदी की अंगूठी में शनिवार को तैयार करवा के विधिपूर्वक उसकी उपसना जपादि करें और फिर श्रद्धा सहित इसको अर्ध रात्रि के समय मध्यमा और कनिष्ठा में धारण करें। केतु मन्त्र 17,000 बार जपें। रत्न का वजन 3 रत्ती से कम नहीं होना चाहिए।

मन्त्र—ॐ के केतवे नमः।

वैदूर्य के बदले में स्फटिक वर्ग का लहसुनिया (Cat's Eye) या दरियाई लहसुनिया (Tiger's Eye) पहना जा सकता है। चन्द्रकान्त (Moon Stone) वैदूर्य के बदले में धारण किया जा सकता है।

परन्तु केतु के रत्न के साथ माणिक्य, मूंगा, मोती और पीला पुखराज धारण नहीं करना चाहिए।

(D) जन्म की तारीख के अनुसार रत्न का चुनाव

पश्चिमी देशों की तरह भारतीय लोग भी अब जन्म तारीख के अनुसार रत्न धारण करने लगे हैं। ऐसे रत्न को 'बर्थ स्टोन' कहा जाता है। जिसके पास जन्म कुण्डली नहीं है तथा जन्म की तरीख याद है तथा जन्म-समय मालूम नहीं है वे इस निम्न सारणी से लाभ उठा सकते हैं।

जन्म तारीख	सूर्य की राशि	उपयुक्त रत्न
15 अप्रैल से 14 मई तक	मेष	मूंगा
15 मई से 14 जून तक	वृषभ	हीरा
15 जून से 14 जुलाई तक	मिथुन	पन्ना
15 जुलाई से 14 अगस्त तक	कर्क	मोती
15 अगस्त से 14 सि. तक	सिंह	माणिक्य
15 सितम्बर से 14 अक्तू. तक	कन्या	पन्ना
15 अक्तूबर से 14 नव. तक	तुला	हीरा
15 नवम्बर से 14 दिस. तक	वृश्चिक	मूंगा
15 दिसम्बर से 14 जन. तक	धनु	पीला पुखराज
15 जनवरी से 14 फर. तक	मकर	नीलम
15 फरवरी से 14 मार्च तक	कुम्भ	गोमेद
15 मार्च से 14 अप्रैल तक	मीन	लहसुनिया

(यह सारिणी प्रसिद्ध अंक शास्त्री श्री पी० एन० शरमन की पुस्तक Gems and Their Occult Powers से ली गयी है) जब सूर्य मीन रणि में हो तो लहसुनिया नहीं पीला पुखराज और जब सूर्य कुम्भ राशि में हो तो गोमेद नहीं नीलम पहनना चाहिए।

(E) जन्मांक के अनुसार सौभाग्य देने वाले रत्न

(Lucky Stone) का चुनाव

जन्म तारीख	जन्मांक	अंक का स्वामी ग्रह	उपयुक्त रत्न
1, 10, 19, 28	1	सूर्य	माणिक्य
2, 11, 20, 29	2	चन्द्रमा	मोती
3, 12, 21, 30	3	बृहस्पति	पीला पुखराज
4, 13, 22, 31	4	यूरेनस	गोमेद
5, 14, 23	5	बुध	पन्ना
6, 15, 24	6	शुक्र	हीरा
7, 16, 25	7	नेपचून	लहसुनिया
8, 17, 26	8	शनि	नीलम
9, 18, 27	9	मंगल	मूंगा

नव रत्न अंगूठी—नवरत्न की अंगूठी में नौ रत्नों के ही रत्न जड़े जाते हैं नवरत्न की अंगूठी में बदल के रत्नों का उपयोग नहीं करना चाहिए। जब किसी कुण्डली में ग्रहों की स्थिति ऐसी हो कि उपयुक्त रत्न का निर्णय कठिन हो तो नव रत्न की अंगूठी धारण की जाती है। यह कुण्डली के शुभ ग्रह उच्च, स्वराशि या शुभ भावों में स्थित हो तो नवरत्न की अंगूठी से वे और भी अधिक शुभ फलदायक बन जाते हैं। यों भी नवरत्न की अंगूठी कोई भी लग्न का जातक धारण कर सकता है। नव रत्न की अंगूठी धारण करने से सुख, सम्पदा, सौभाग्य, धन, यश, मान-प्रतिष्ठा, सन्तान सुख, पारिवारिक सुख, मानसिक सुख सब भरपूर मात्रा में प्राप्त होता है और आयु बढ़ती है। इसका वजन स्थायी नहीं है।

धारण विधि—क्योंकि नवरत्न की अंगूठी की कीमत बहुत है उसके धारण करने के लिए किसी योग्य पण्डित से उसके लिए शुभ मुहूर्त निकलवाना चाहिए, फिर ऐसे ही पण्डित से नवग्रह की शान्ति के लिए विधिपूर्वक पूजन और हवन कराना चाहिए। दान भी करना चाहिए।

इसमें जरा-सी गलती से महत्त्व कम हो जाता है।

(F) जड़ी-बूटियों से अनिष्ट ग्रहों की शान्ति

महर्षियों ने कहा कि जो लोग रत्नों के धारण करने में असमर्थ हैं उनके ग्रह-दोषों की शान्ति के लिए जड़ी-बूटी धारण करना भी लाभप्रद होगा।

यदि **सूर्य पीड़ाकारक** हो तो बेलपत्र की जड़ गुलाबी डोरे में रविवार को धारण करें।

चन्द्र पीड़ाकारक हो तो खिरनी की जड़ सफेद डोरे में सोमवार को धारण करें।

मंगल पीड़ाकारक हो तो अनन्त मूल की जड़ लाल डोरे में सोमवार को धारण करें।

बुध पीड़ाकारक हो तो बिधारा की जड़ हरे डोरे में बुधवार को धारण करें।

गुरु पीड़ाकारक हो तो मारगीवा केले की जड़ पीले डोरे में गुरुवार को धारण करें।

शुक्र पीड़ाकारक हो तो सरपोरवा की जड़ सफेद डोरे में शुक्रवार को धारण करें।

शनि पीड़ाकारक हो तो बिच्छू की जड़ काले डोरे में शनिवार को धारण करें।

राहु पीड़ाकारक हो तो सफेद चन्दन, नीले डोरे में बुधवार को धारण करें।

केतु पीड़ाकारक तो तो असगन्ध की जड़ आसमानी डोरे में गुरुवार को धारण करें।

यह जड़ी-बूटियां जिस ग्रह से निर्मित करनी हो तो उसी वार को स्वयं वृक्ष उखाड़ लावें और पूजन करके धारण करें तो विशेष लाभ है। लाने से पूर्व सायंकाल वृक्ष को जाकर विधिवत अभिमन्त्रित करना चाहिए। राहु के लिए शनिवार और

केतु के लिए बुधवार उपयुक्त है।

(G) रत्नों का औषधीय उपयोग

आयुर्वेद के अनुसार भी रत्नों की औषधि में उपयोग अति महत्त्वपूर्ण है। रत्नों की केवल भस्म ही नहीं बनाई जाती वरन् उनकी पिष्टी औषधि के रूप में इस्तेमाल होती है। इन रत्न भस्मों को सामान्य तथा कठिन रोगों से निवृति पाने में उपयोग किया जाता है। सभी अच्छे रत्न इस काम में लिए जाते हैं।

हीरा, पन्ना, मोती, माणिक्य, मूंगा, पुखराज, नीलम आदि भस्म बनाने में बहुत परिश्रम करना पड़ता है। इसका मुख्य कारण है कि रत्नों में रोगों को दूर करने की असीम शक्ति भरी पड़ी है। इसका संक्षिप्त विवरण निम्नलिखित है।

(a) **माणिक्य**—माणिक्य की पिष्टी और भस्म दोनों ही औषधि के रूप में प्रयोग किये जाते हैं। माणिक्य रक्तवर्धक, वायु नाशक और उदर रोगों में लाभकारी है। माणिक्य की भस्म से आयु में वृद्धि होती है। इसमें वात, पित्त, कफ को शांत करने की शक्ति है और क्षय रोग, दर्द, उदर शूल, चक्षु रोग, कोष्ठ बद्धता आदि को आराम पहुंचाता है। यह भस्म शरीर में उत्पन्न उष्णता और जलन को भी दूर करता है।

इस 'रत्न समुच्चय' व 'भाव प्रकाश' के अनुसार माणिक्य कषाय और मधुर रस प्रधान द्रव्य है। शीतलदायक और नेत्र-ज्योति को बढ़ाने वाला है। अग्नि उदीपक, वीर्य-वर्धक, कफ, वायु तथा पित को शमन करता है। नपुंसकता नष्ट करता है।

(b) **मोती**—मोती औषधि के रूप में खाया जाता है। कैल्शियम की कमी के कारण उत्पन्न रोगों में यह बहुत लाभकारी होता है।

खाने की विधि—बढ़िया कूका (अबीध मोती) कपड़छन करके 11 दिन तक केवड़े या गुलाबजल में घोटना चाहिए। जब कज्जल के समान बारीक हो जाए, रवा बिलकुल न रहे तब छाया में सुखाकर काम ले लेना चाहिए।

मोती की भस्म आँखों के लिए लाभदायक होती है। यह ठण्डी, शक्तिदायक, होती है। मोती की भस्म से कृशता, श्वास कष्ट, रक्तचाप, हृदय-रोग, ज्वर, खांसी तथा जीर्णता आदि में लाभ पहुंचाती है।

(c) **मूंगा**—मूंगे की शाखा को केवड़ा या गुलाब जल में घिसकर गर्भवती के पेट पर लेप करने से गिरता हुआ गर्भ रुक जाता है। मूंगे को गुलाबजल में कज्जल की भांति पीसकर छाया मे सुखाकर शहद के साथ सेवन करने से शरीर पुष्ट रहता है पान के साथ खाने से कफ व खांसी दूर होती है।

मूंगे की भस्म कफ और पित्त जनित रोगों को दूर करती है। ज्वर, कुष्ठ, खांसी, अग्नि मांद्य व पांडु रोग की यह सर्वोत्तम औषधि है।

(d) **पन्ना**—पन्ना गुलाबजल अथवा केवड़ा जल के साथ घोटकर उपयोग में लाया जाता है। यह रक्त व्याधि, मूत्र-रोग तथा हृदय-रोग में विशेष रूप से

उपयोगी है।

पन्ना की भस्म, ठण्डी व मेदवधर्क होती है। इससे क्षुधा बढ़ती है। अम्ल-पित्त में आराम मिलता है और जलन दूर होती है। मितली, वमन, दमा, अर्जीर्ण, बवासीर व पांडु रोग में लाभदायी है।

(e) **श्वेत पुखराज**—पुखराज को गुलाबजल या केवड़ाजल में 25 दिन तक घोटा जाय। जब यह बिलकुल कज्जल की भांति पिसा जाये तो इसे छाया में सुखा लेना चाहिए। यह पीलिया, आमवात, खांसी, श्वास-कष्ट, व बवासीर में लाभ करता है।

श्वेत पुखराज की भस्म विष और विषाक्त कीटाणुओं की क्रिया को नष्ट करती है। इससे मितली और वमन में आराम मिलता है। वायु व कफ जनित कष्ट दूर होते हैं। यह अग्नि मांद्य, अजीर्ण, कुष्ट और बवासीर में भी लाभ देता है।

(f) **हीरा**—हीरे की पिष्टी कभी नहीं खानी चाहिए। शुद्ध रीति से बनायी गई इसकी भस्म ही सेवन करनी चाहिए। हीरे की भस्म क्षयरोग, भ्रांति, जलोदर, मधुमेह, भगन्दर, रक्त-अल्पता, सूजन आदि रोगों में लाभ करती है। यह वायु की वृद्धि करती है और मुख के सौन्दर्य को बढ़ाती है। यदि कभी अचानक हीरे का कण पेट में चला जाये तो दूध में घी मिलाकर पीने से वह कण वमन के साथ निकल जाएगा अन्यथा वह प्राणन्त भी कर सकता है।

हीरे में वीर्य बढ़ाने की अनुपम शक्ति है। यह त्रिदोष का शमन करते हुए समस्त रोगों को नष्ट करता है। 'रसरत्न समुच्चय' के अनुसार अगर कोई व्यक्ति अन्तिम सांसें ले रहा है तो उसको हीरे की भस्म या उसके अन्यान्य योगों की एक ही खुराक देने से शीघ्र ही चैतन्यता आ जाती है। यह हृदय रोग में विशेष लाभकारी है।

(g) **नीलम**— कपड़छन किये हुए नीलम के चूरे को केवड़ा जल, गुलाब जल अथवा वेदमुश्तक के जल में घोटना चाहिए। जब वह कज्जल के समान बारीक हो जाय तब खाने के उपयोग में लाना चाहिए। इसके अनुसार शहद, मलाई, अदरक का रस, पान का रस आदि से लें। यह विषम ज्वर, मिर्गी, हिचकी, मस्तिष्क की कमजोरी, उन्माद आदि रोगों में विशेष लाभ करता है।

नीलम की भस्म शनि के कोप से उत्पन्न रोगों में व्यवहार की जाती है। इससे गठिया, संधिवात, उदर शूल स्नायुविक दर्द, भ्रांति, मिर्गी, बवासीर आदि से लाभ होता है।

(h) **गोमेद**—गोमेद गुलाबजल, केवड़ा जल वेदमुश्तक के जल में घोटकर काम में लिया जाता है। इससे वायु-शूल, चर्म-रोग, कृमिरोग तथा बवासीर में लाभ होता है।

❑❑❑